SO MACHST DU RICHTIG COOLE KUNST

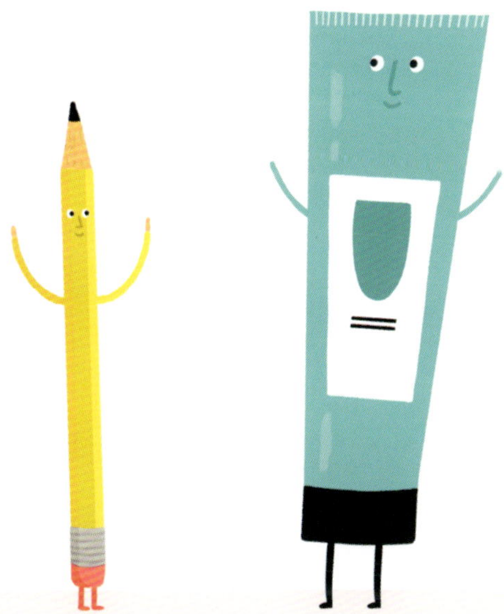

Henry Carroll & Rose Blake

Aus dem Englischen von Bettina Eschenhagen

Laurence King Verlag

Inhalt

1 **Bleib auf Linie:** Pablo Picasso 4

2 **Tropf los:** Jackson Pollock 6

3 **Hab Spaß mit Gesichtern:** Lorna Simpson 8

4 **Lass sie schwimmen:** Bridget Riley 10

5 **Ferkele herum:** Andy Goldsworthy 12

Basiswissen: Bleistifte 14

6 **Sei detailbesessen:** Chuck Close 20

7 **Sieh andere Dimensionen:** Rachel Beach 22

8 **Kombiniere und kreiere:** John Stezaker 24

9 **Provoziere:** Marcel Duchamp 26

10 **Sei ein Sachensucher:** Aaron Johnson 28

Basiswissen: Farbe 30

11 **Sprich in Farben:** Lauren Badenhoop 34

12 **Mach was über dich:** Frida Kahlo 36

13 **Sei ein Popstar:** Roy Lichtenstein 38

14 **Verfremde Dinge:** René Magritte 40

15 **Rette Müll:** Gayle Chong Kwan 42

Basiswissen: Farbmedien 44

16 **Trag dick auf:** Vincent van Gogh 48

17 **Spiel verrückt:** Tehching Hsieh 50

18 **Sag uns, wer du bist:** Chris Ofili 52

19 **Feiere, was du liebst:** Yayoi Kusama 54

20 **Setze ein Zeichen** 56

Eine kurze Geschichte der Kunst 58

Du willst also richtig coole Kunst machen?

Dann bist du hier genau richtig, denn dank dieses Buches tropfst du im Nu wie Pollock, gestaltest wie Duchamp und malst wie Kahlo. Die kennst du alle nicht? Wart's ab!

Hier findest du Werke der coolsten Künstlerinnen und Künstler der Welt, die sich oft verrückter aufführen als Kinder. Du musst dir nur die Werke ansehen, lesen, warum sie gut sind, und das Geniale daran so für dich nutzen, dass du deine eigenen Mega-Meisterwerke erschaffst. Nebenbei eignest du dir das wichtigste „Basiswissen" an, das dir dabei helfen wird.

Für all das benötigst du ein paar unentbehrliche Gegenstände, die richtig coole Künstler tagtäglich benutzen: Bleistifte, Buntstifte, Radiergummi, Spitzer, Pinsel, Acrylfarben, Schere, Klebstoff, Fotohandy, Pappe und Papier – massenhaft schönes Papier in allen möglichen Farben. Blättere jetzt um, und los geht's!

Zusatztipps
Bei diesem Zeichen findest du zusätzliche Ideen, um die Aufgabe zu meistern.

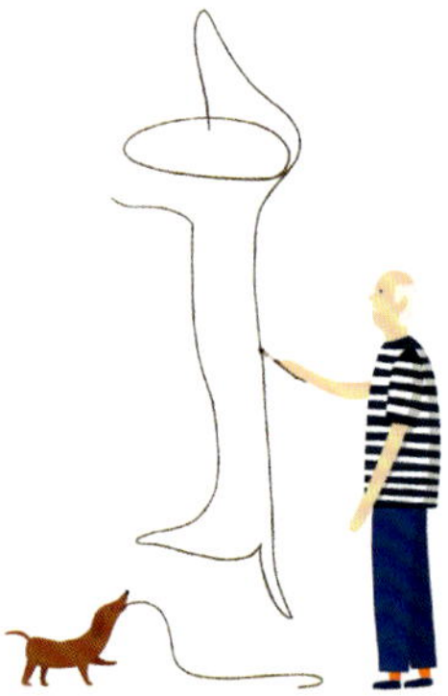

Bleib auf Linie

Um irgendwann richtig coole Kunst hinzukriegen, kannst du mit einer Aufgabe beginnen, die von einem der größten Künstler aller Zeiten inspiriert ist: Pablo Picasso. Obwohl Pablo diese Zeichnung mit einer einzigen Linie schuf, wissen wir sofort, dass sie einen Hund zeigt. Sogar genauer: einen Dackel. Bei Pablo wirkt das ganz einfach, aber in Wirklichkeit braucht man eine Menge künstlerisches Know-how, um das Wesen eines Gegenstands mit nur einer Linie einzufangen. Der Trick besteht darin, sich auf die wichtigsten Merkmale zu konzentrieren, in diesem Fall die Schnauze, die Ohren, die Beine, den langen Rumpf und den Schwanz des Hundes. Zeichne mit einer durchgängigen Linie ein aussagekräftiges Bild von einem Tier.

Hab Spaß beim Zeichnen deines Tiers. Übertreibe ein paar seiner Merkmale, dann bekommt deine Zeichnung Witz. Sie muss nicht ganz realistisch werden.

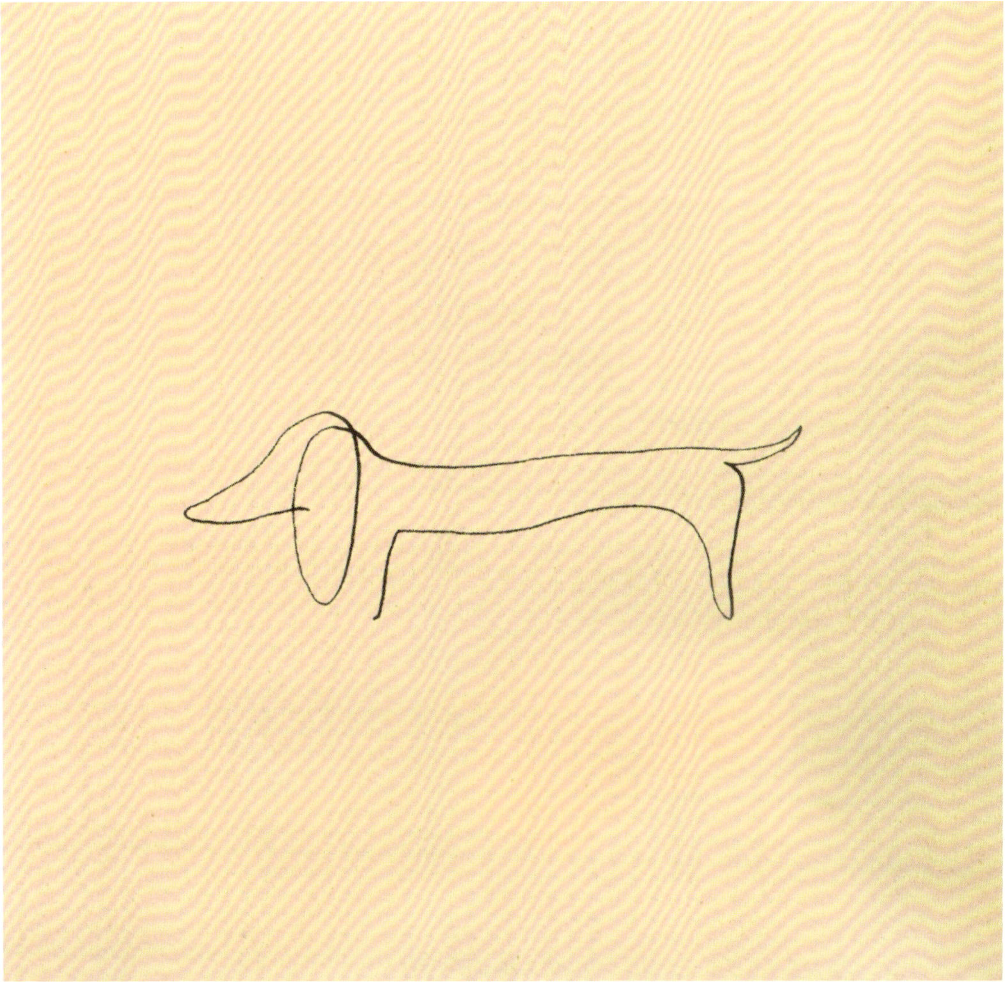

Pablo Picasso: „Dachshund", Detail, Tinte und Tusche auf beigem Papier aus einem Skizzenbuch, Zervos VI No 972 (1907)

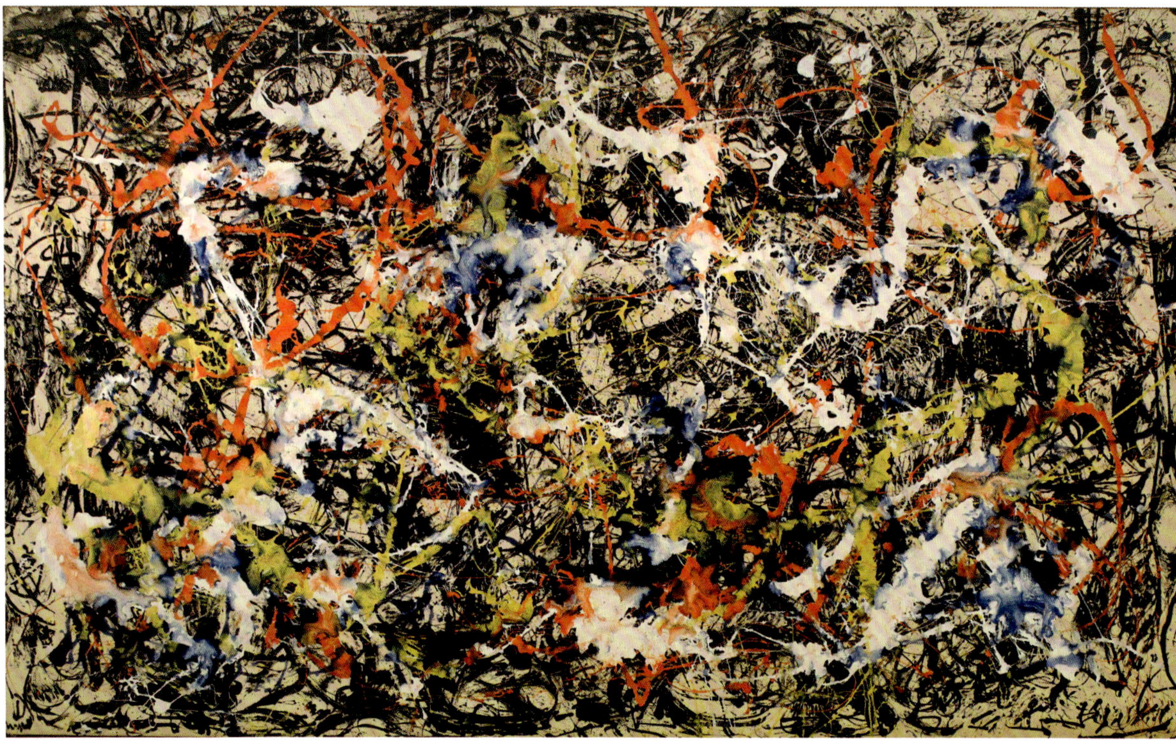

Jackson Pollock: *Convergence* („Zusammentreffen") (1952)

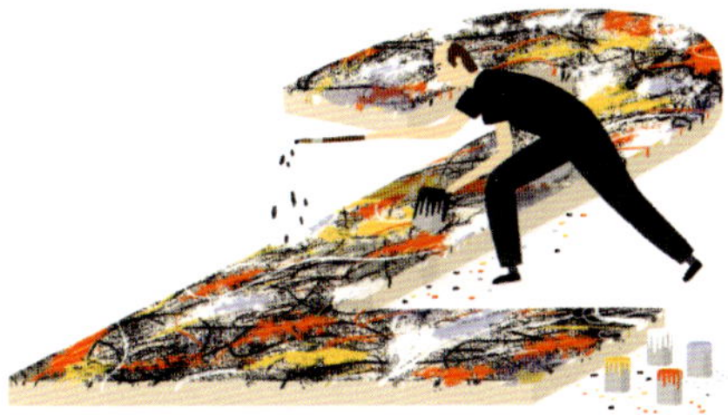

Tropf los

Dieser Typ namens Jackson Pollock hat richtig coole Bilder gemacht, ohne die Leinwand auch nur zu berühren. Er legte sie auf den Boden, tauchte Pinsel in Farbtöpfe und ließ die Farbe dann drauftropfen. Wenn er die unterschiedlichen Farben draufkleckste und -tropfte, Schicht auf Schicht, führte das Gemälde eine Art Eigenleben. Das Ergebnis ist ein Gewirr von Linien, die Jacksons Bewegungen beim Kreieren der Bilder wiedergeben. Obwohl er keine vollständige Kontrolle über die Zeichen auf der Leinwand hatte, wirkt die Komposition erstaunlich genau. Was du zu tun hast, ist ja klar: Tropf los!

Beginne, indem du Papier auf euren Wohnzimmerteppich legst. DAS WAR EIN WITZ! MACH DAS BLOSS NICHT! Mit dieser Aufgabe ist eine ziemliche Schweinerei verbunden, geh also nach draußen. Überleg dir zuerst, in welcher Reihenfolge du die Farben tropfen lassen willst, denn es geht darum, Schichten von Linien zu produzieren – am besten mit Acrylfarben.

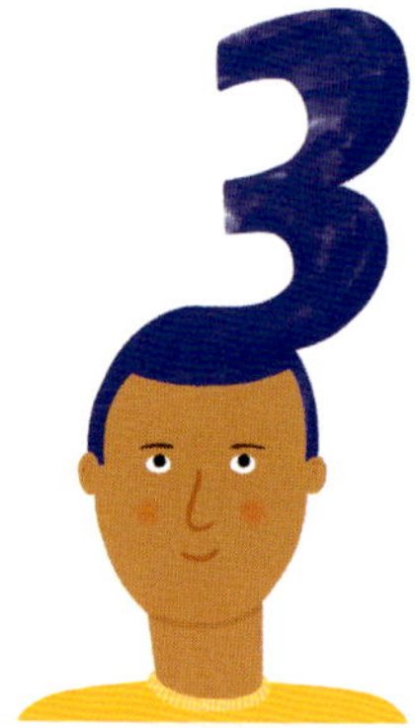

Hab Spaß mit Gesichtern

Lorna Simpson ist eine richtig coole Künstlerin: Sie schnitt aus *Ebony* – das ist eine Zeitschrift für afroamerikanische Leserinnen und Leser – Schnipsel aus und machte daraus Kunst. Zeitschriftenmodels sehen irgendwie alle gleich aus, eben weil sie wie Models aussehen. Lorna hatte die Idee, die Gesichter der Models auszuschneiden und ihnen ungewöhnliche Haarstylings zu malen. Statt ihnen „typische" Modelfrisuren zu verpassen, dachte Lorna sich herrlich individuelle, bunte und lustige Frisuren aus. Schneide Gesichter aus Zeitschriften aus, und überleg dir, wie du sie zum Leben erwecken kannst.

Du kannst deinen Gesichtern Frisuren malen (wie Lorna) oder sie mit verrückten Accessoires ausstatten, z. B. Hüten, Ohrringen oder Brillen. Egal, wofür du dich entscheidest: Gib acht, dass du genug Platz um die Gesichter lässt, wenn du sie auf das Papier klebst.

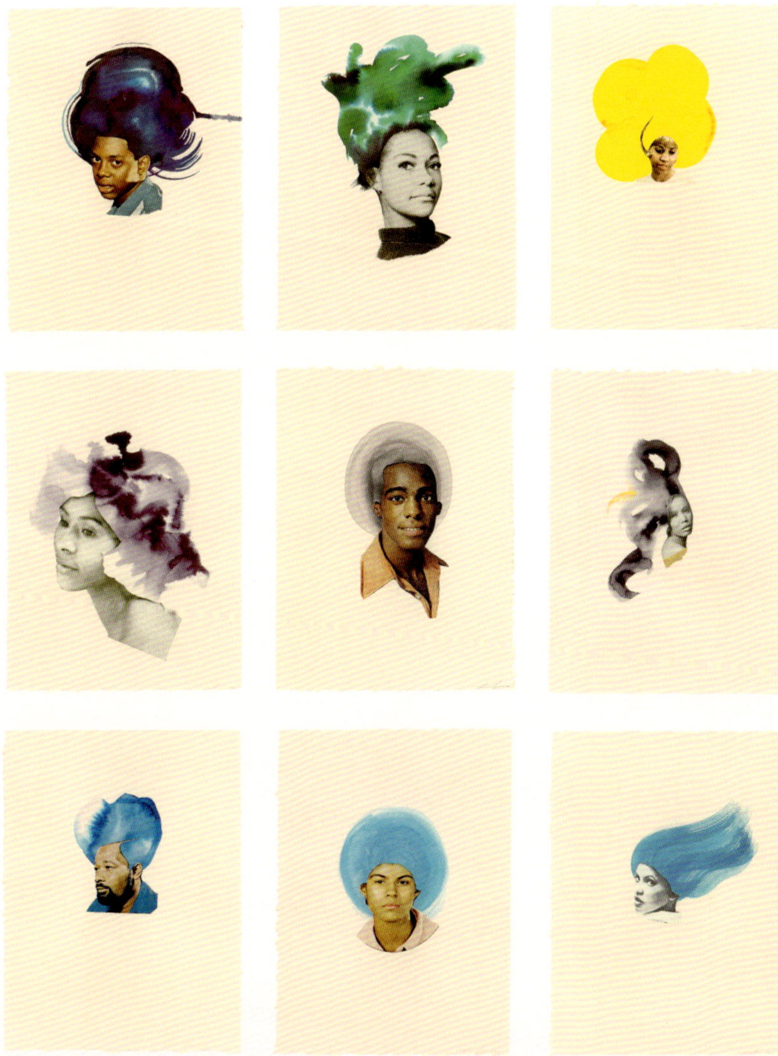

Lorna Simpson: Auswahl aus *Ebony Collages* (2011–2012)

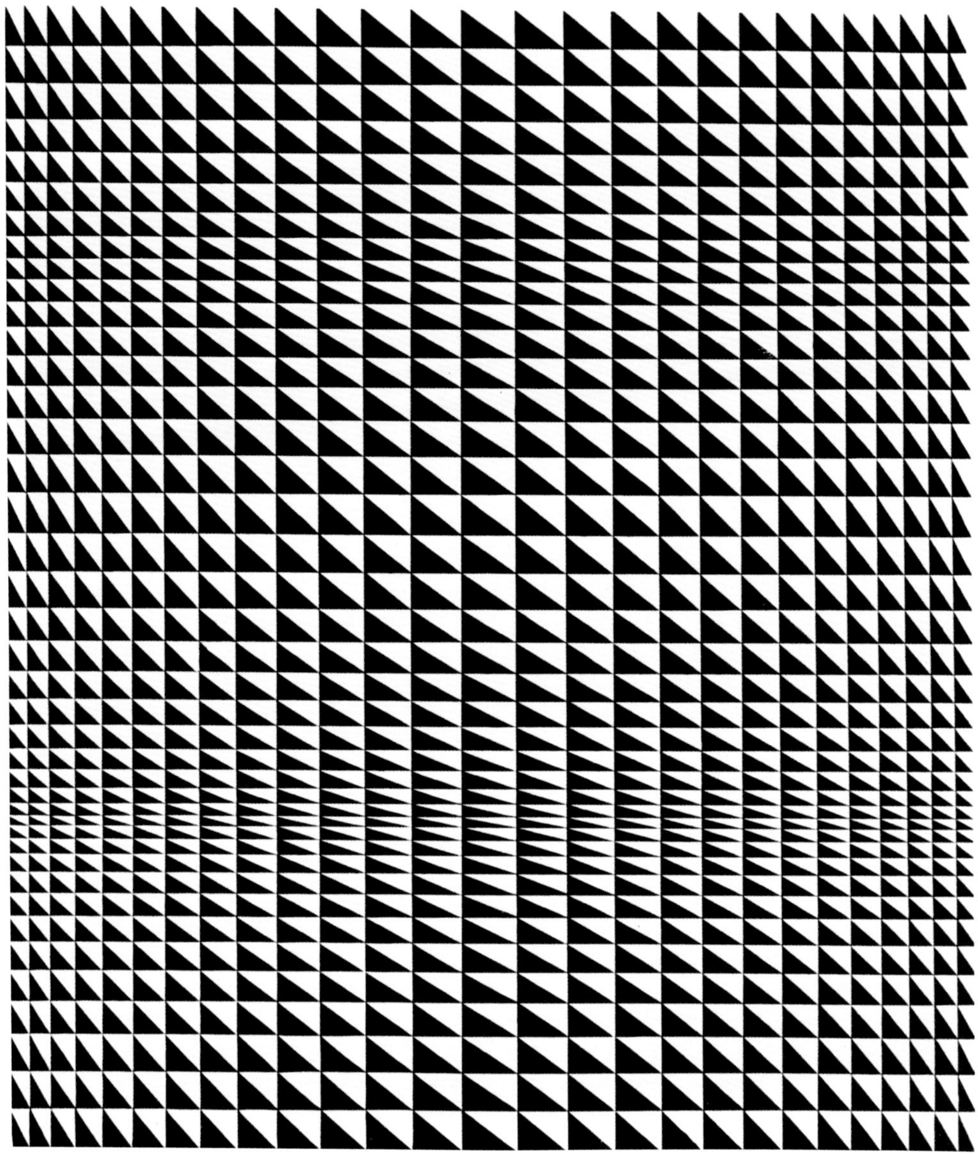

Bridget Riley: *Straight Curve* („Gerade Krümmung“) (1963)

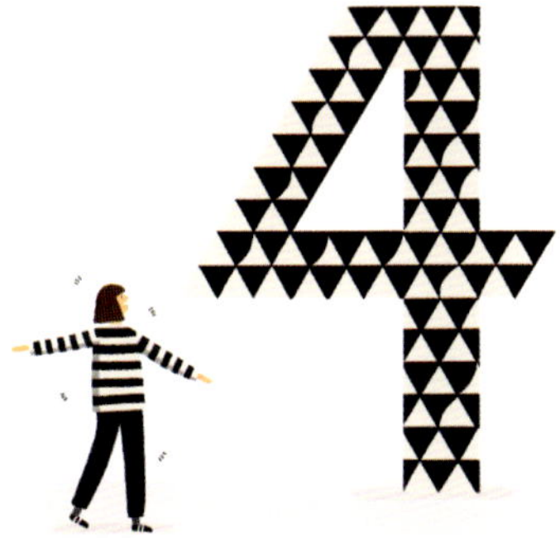

Lass sie schwimmen

Bridget Rileys Gemälde mag ich vor allem, weil eines meiner Lieblingswörter dazu passt: „vertiginös". Es bedeutet, sich ein bisschen schwindelig oder verwirrt zu fühlen – so wie ich, wenn ich Bridgets Gemälde betrachte. Sie verwendete nur schwarze und weiße Dreiecke, machte daraus aber ein Bild, dessen Anblick einen etwas irre macht. Es besteht ausschließlich aus geraden Linien, aber die wirken gekrümmt und scheinen sich wie Meereswellen zu bewegen. Erstaunlich, wie ein flaches Bild eine so dreidimensionale Wirkung haben kann, dass man es kaum aushält, es länger anzusehen! Versuche, ein eigenes Muster-Bild mit ähnlicher Wirkung zu malen oder zu zeichnen.

Schaust du dir Bridgets Gemälde aus der Nähe an, bemerkst du, dass es ein Gitter ist. Sie hat aber Größe und Form der Quadrate nach und nach verändert und so Linien geschaffen, die zu „schwimmen" scheinen. Fülle zunächst Quadrate auf Rechenpapier etwas unterschiedlich aus, und versuche dann, eigene Gitter zu entwerfen.

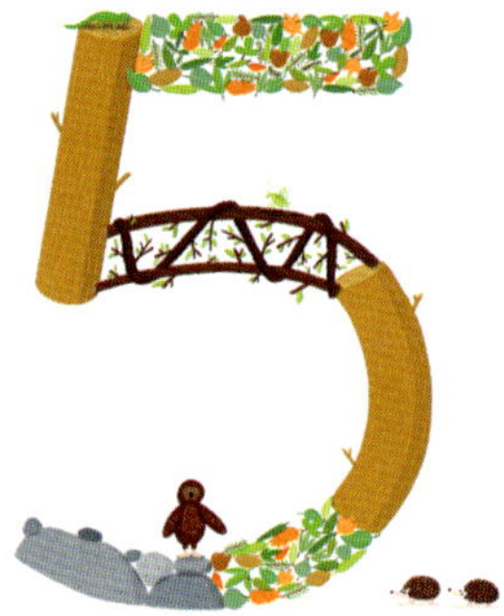

Ferkele herum

Künstler wie Andy Goldsworthy schaffen ihre Werke im Freien – aus Blättern, Stöcken, Steinen, Schnee und Eis. Ob du's glaubst oder nicht: Dieses Objekt besteht aus Herbstlaub in unterschiedlichen Farben. In der Regel wollen Künstlerinnen und Künstler, dass ihre Produkte ewig existieren. Das Großartige an Andys Werken ist aber gerade, dass sie bald zusammenfallen, schmelzen, weggeweht oder weggeschwemmt werden. Es hat auch etwas Schönes zu wissen, dass das eigene Werk nur ein paar flüchtige Stunden, Tage oder Wochen lang besteht. Begib dich also nach draußen und gestalte aus Dingen, die du in der Natur findest, deine eigene „Land Art".

Wenn du anfängst, Gegenstände zu sammeln, werden dir schon Ideen für dein Werk kommen. Suche dann nach einem geeigneten Platz. Wenn es fertig ist, fotografiere es unbedingt, schließlich wird es nicht lange halten! Und noch was: Nimm nur natürliche Dinge, du willst ja nicht die Landschaft zumüllen.

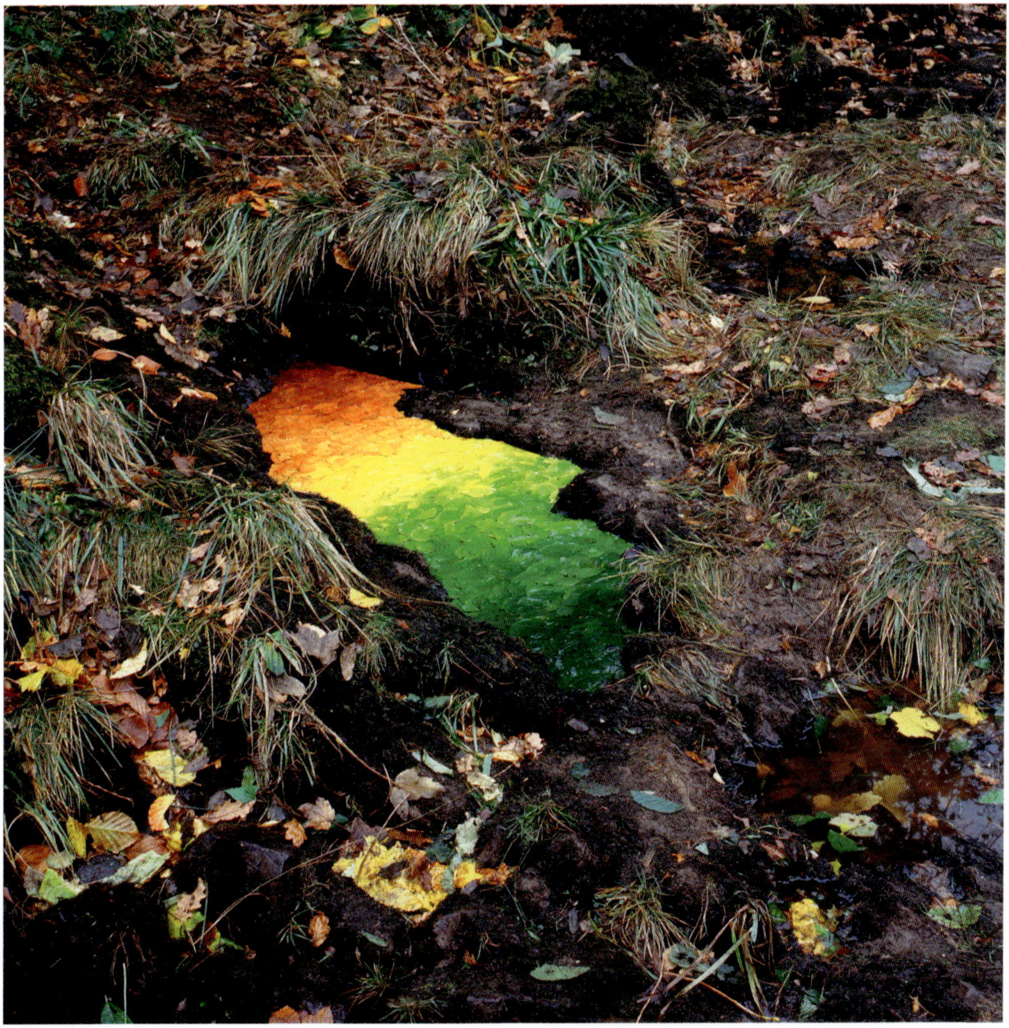

Andy Goldsworthy: *Beech leaves* („Buchenblätter") (1999)

Bleistifte

Bleistifte sind toll. Du kannst sie dir hinters Ohr klemmen oder ins Haar stecken, darauf herumkauen und sogar damit zeichnen! Egal, welche Art richtig coole Kunst du machen willst, eins ist klar: Du wirst eine Menge Bleistifte brauchen. Die meisten glauben, Bleistift ist gleich Bleistift, aber es gibt viele verschiedene, mit denen man unterschiedliche Dinge macht. Hier ein paar spitze Infos.

Bleistiftarten

Bleistifte sind entweder hart oder weich. Na ja, und mittelharte gibt es auch noch. (Dazu rechts mehr.) Harte Bleistifte heißen H-Bleistifte, weiche B-Bleistifte. Je nachdem, wie hart oder weich ein Bleistift ist, variieren die Linien, die man mit ihm zeichnet, von ganz hell bis sehr dunkel:

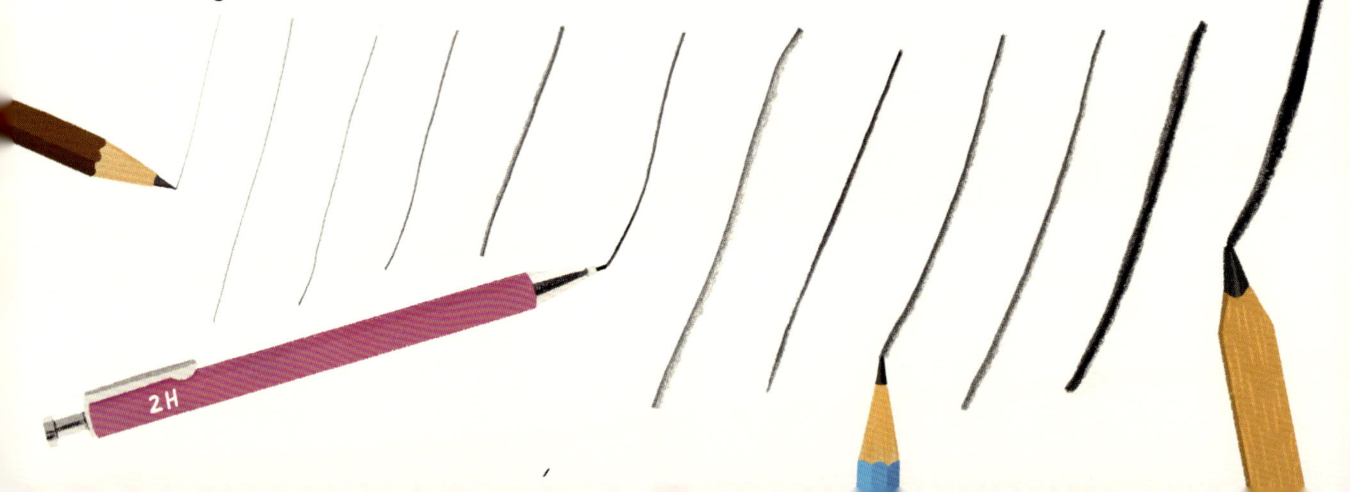

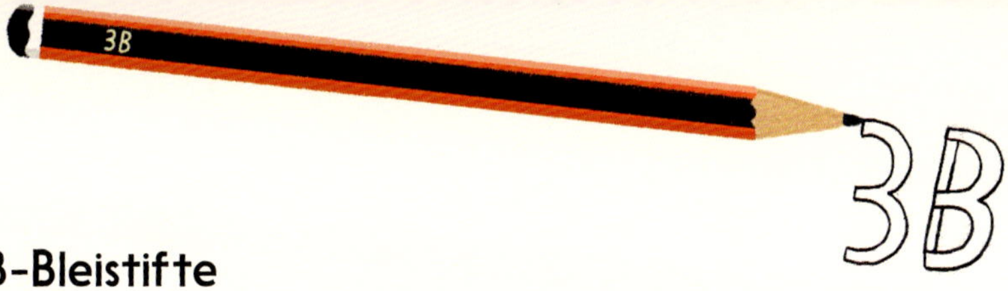

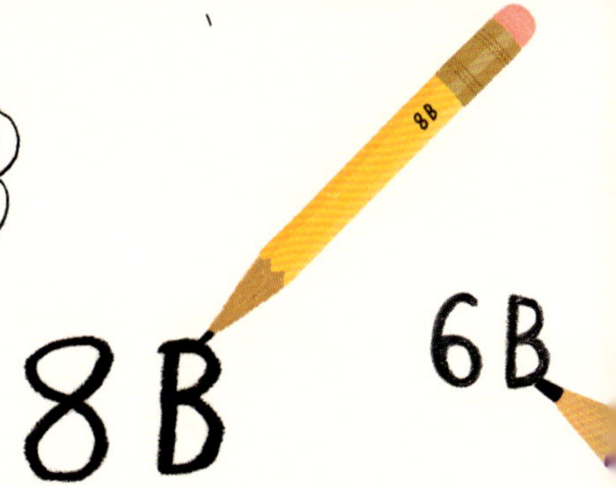

B-Bleistifte

Sie erzeugen dunklere, dickere Linien und eignen sich daher gut zum Skizzieren und Schattieren. Je weicher sie sind, desto dunklere und dickere Linien machen sie. Wegen ihrer Weichheit musst du sie oft anspitzen.

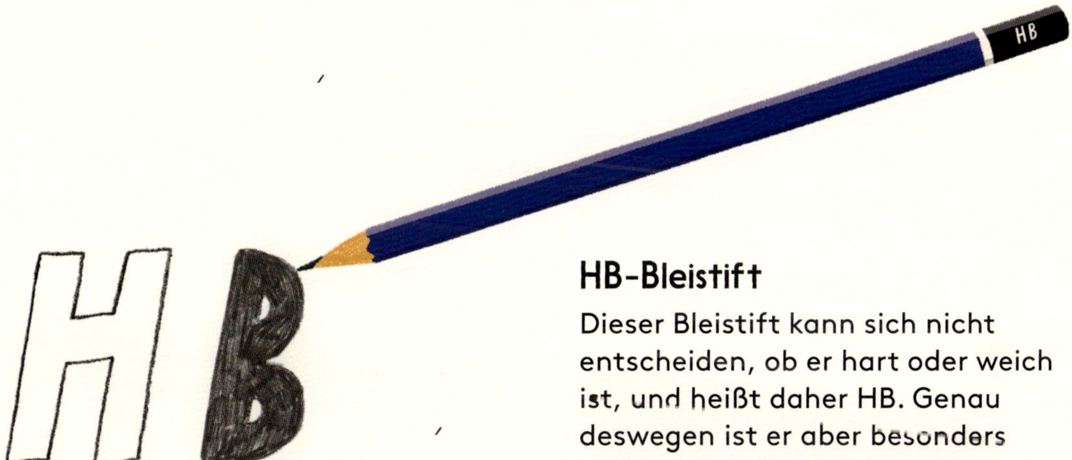

HB-Bleistift

Dieser Bleistift kann sich nicht entscheiden, ob er hart oder weich ist, und heißt daher HB. Genau deswegen ist er aber besonders beliebt, denn angespitzt eignet er sich fürs Zeichnen präziser Linien, und stumpfer ist er gut fürs Schattieren.

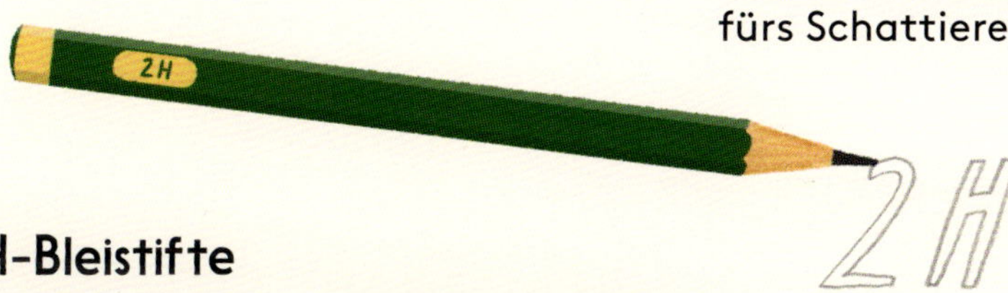

H-Bleistifte

Mit ihnen kann man akkurate Zeichnungen anfertigen, denn sie produzieren dünnere, hellere Linien. Drück mit einem solchen Bleistift nie zu stark auf – sonst hast du am Ende womöglich Löcher im Papier.

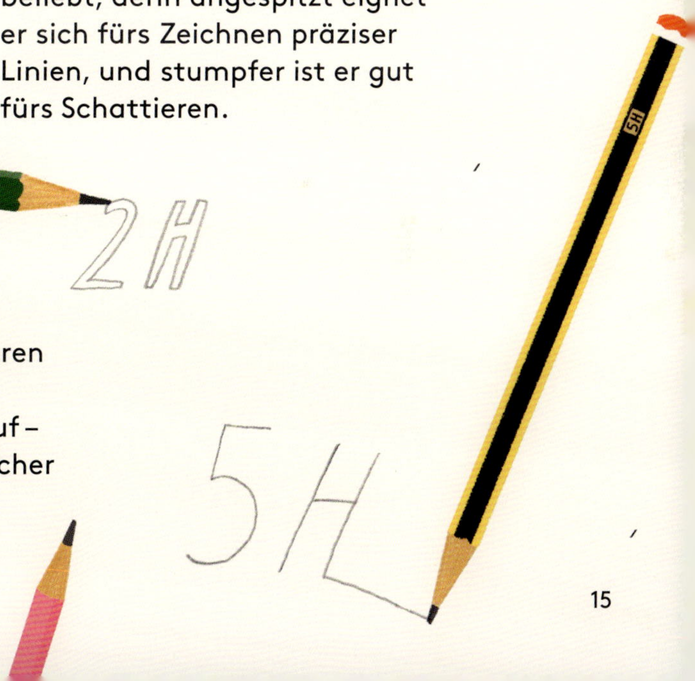

Basiswissen: Schattieren

Schattieren ist richtig wichtig, weil es Tiefe und Form in deine Zeichnung bringt. Eine Schattierung kann aus einem flachen Kreis einen spektakulären Planeten und aus einfachen Kritzeleien dreidimensionale Formen machen. Je nachdem, was du darstellen willst, kannst du zwischen verschiedenen Schattierungen wählen.

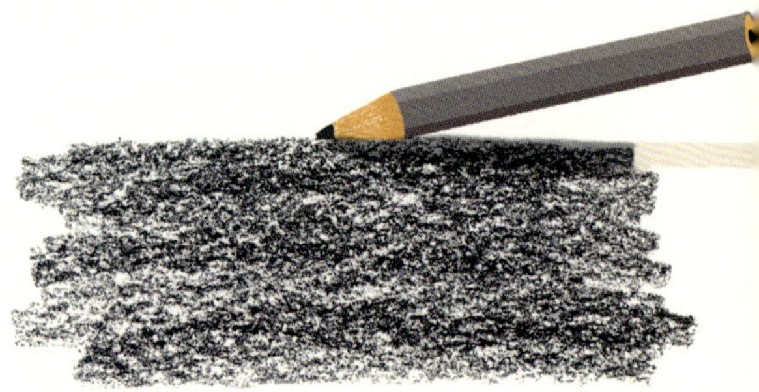

Einfache Schattierung

Mit der Seite der Bleistiftmine kannst du eine weiche, gleichmäßige Schattierung erzeugen.

Verwischen

Mit dem Finger kannst du eine einfache Schattierung zu einer noch weicheren machen. Dabei gerät man leicht über die Linien, aber das Gute am Verwischen ist, dass man das mit dem Radiergummi problemlos korrigieren kann.

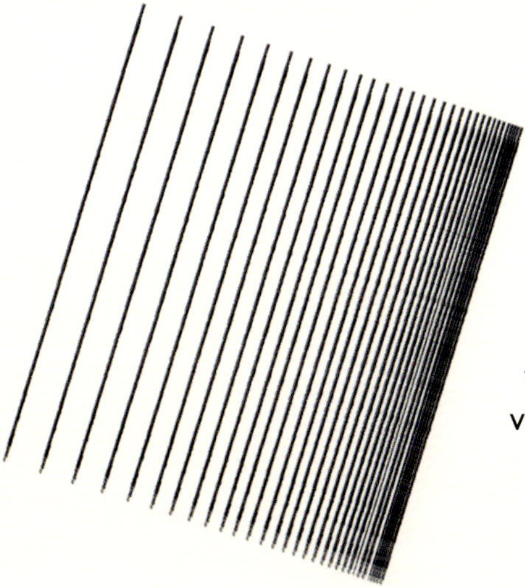

Schraffur

Zeichnest du parallele Linien in größeren Abständen, erzeugst du eine hellere Schraffur; kleinere Abstände ergeben eine dunklere. Wenn du die Abstände allmählich verringerst, ist das Ergebnis ein „Verlauf" von heller zu dunkler.

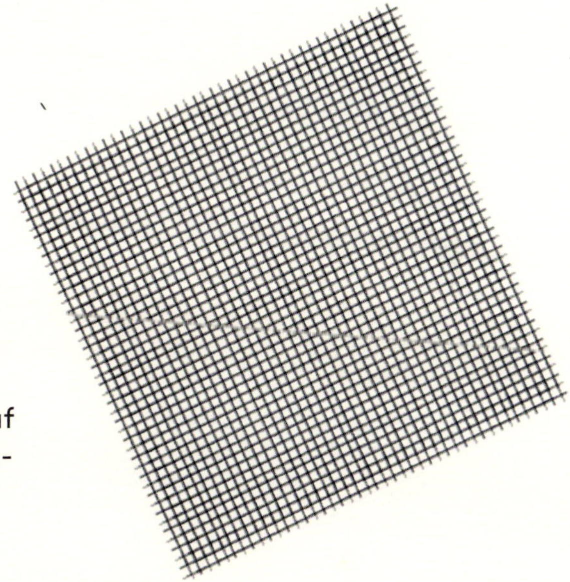

Kreuzschraffur

Eine noch dunklere und detaillierte Schraffur entsteht, wenn man auf eine Schraffur im rechten Winkel eine zweite aufbringt. Wer will, kann so weitermachen und auf die zweite Schicht eine dritte zeichnen, immer aus parallelen Linien.

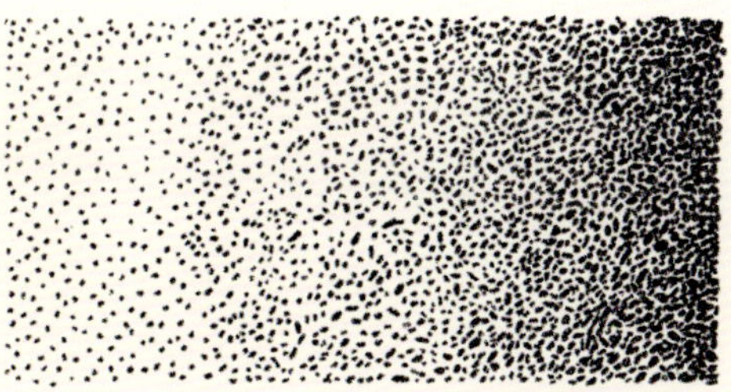

Tüpfelung

Anstelle von Linien kannst du auch Punkte machen. Je dichter sie stehen, desto dunkler wird die Schattierung. Tüpfeln funktioniert mit weichen Bleistiften besser.

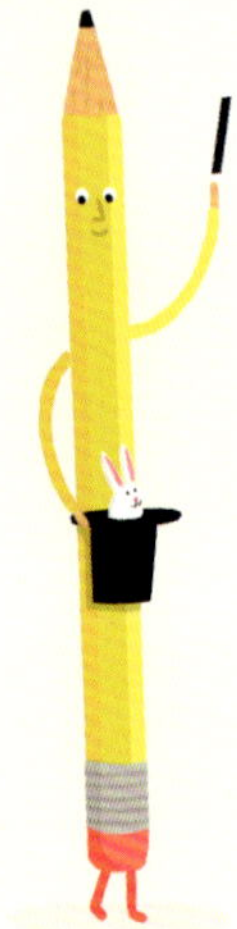

Basiswissen: Bleistifttricks!

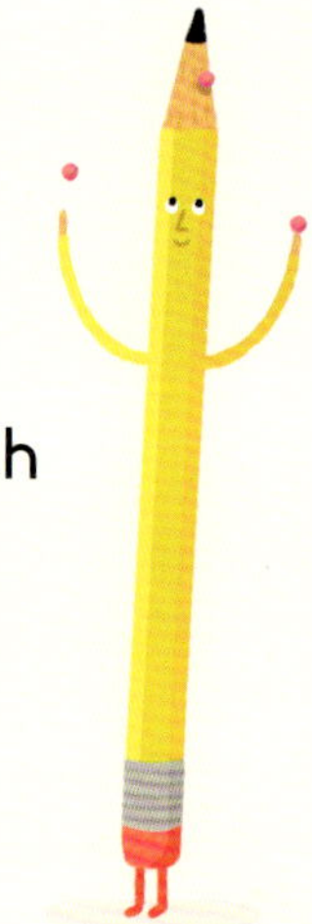

Du willst ja richtig coole Kunst machen, also verrate ich dir jetzt ein paar geheime Tricks, die mit Bleistiften möglich sind. Die behältst du aber für dich, okay?

Den Bleistift halten

Bestimmt weißt du längst, wie man einen Bleistift normalerweise hält, nämlich so:

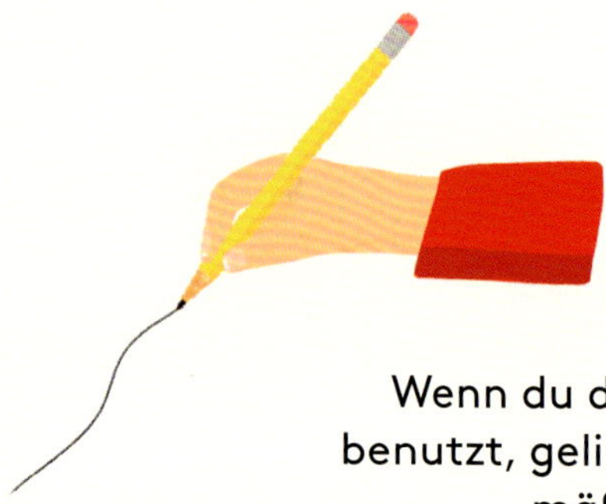

Manche richtig coole Künstlerinnen und Künstler halten ihn aber so:

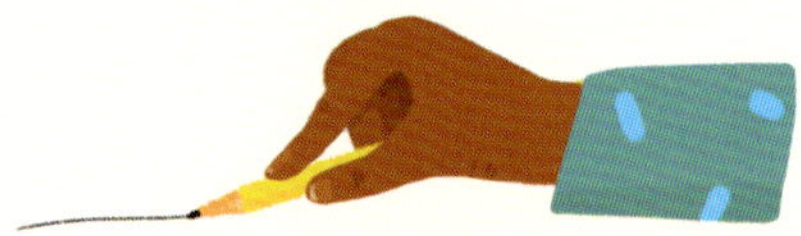

Wenn du die Seite der Bleistiftmine benutzt, gelingt dir eine schöne, gleichmäßige Schattierung.

Runde Formen zeichnen

Willst du perfekte Kreise oder Bogen zeichnen, lass deinen Unterarm auf dem Tisch ruhen. So ist dein Arm stabil, und du kannst den natürlichen Drehpunkt deines Handgelenks nutzen. Bist du mit dem Teilbogen fertig, dreh das Papier und mach weiter.

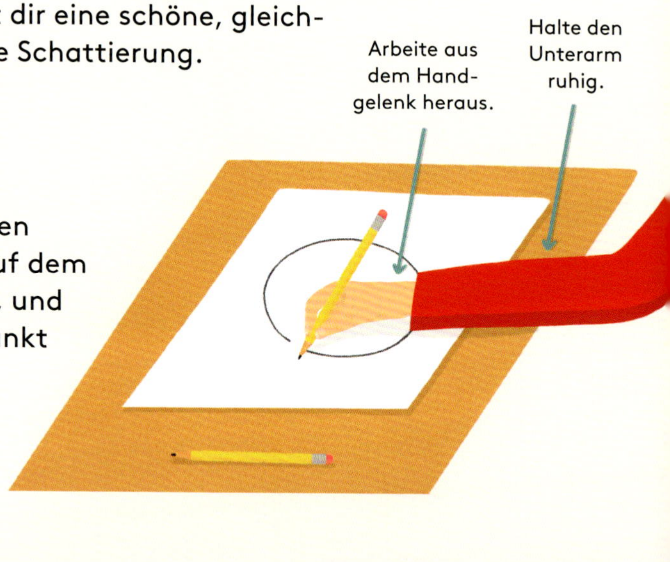

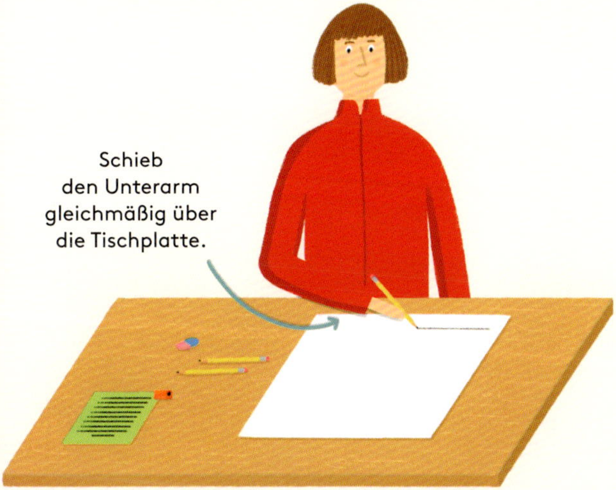

Eine gerade Linie zeichnen

Richtig coole Künstlerinnen und Künstler zeichnen gerade Linien mit der Hand auf dem Rand der Tischplatte. Die Hand hält den Bleistift aufs Papier und bewegt sich dabei auf und ab.

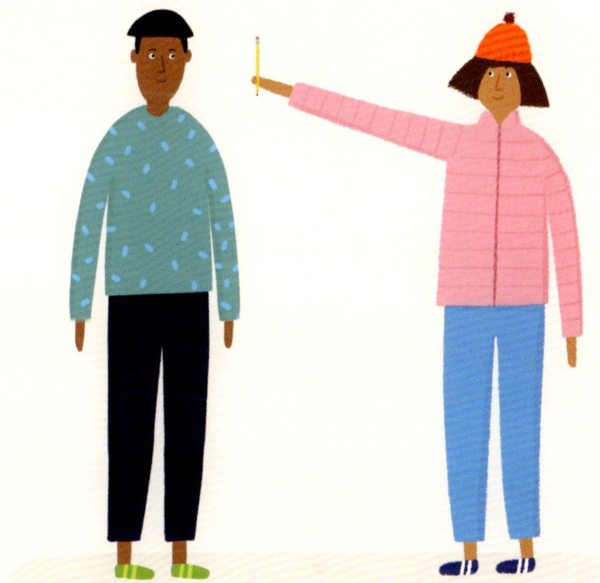

Dinge ausmessen

Um Zeichnungen genau und im richtigen Verhältnis hinzubekommen, kannst du mit einem Bleistift auch Dinge prima ausmessen. Halte ihn mit ausgestrecktem Arm hoch, und finde so heraus, wie breit ein Gegenstand im Verhältnis zu seiner Höhe ist.

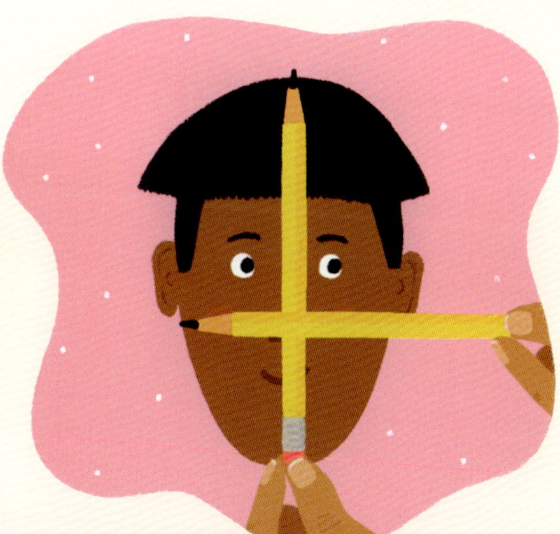

Durch Vermessen dieses Gesichts mithilfe des Bleistifts stellst du fest, dass es doppelt so lang wie breit ist. Cool, oder?

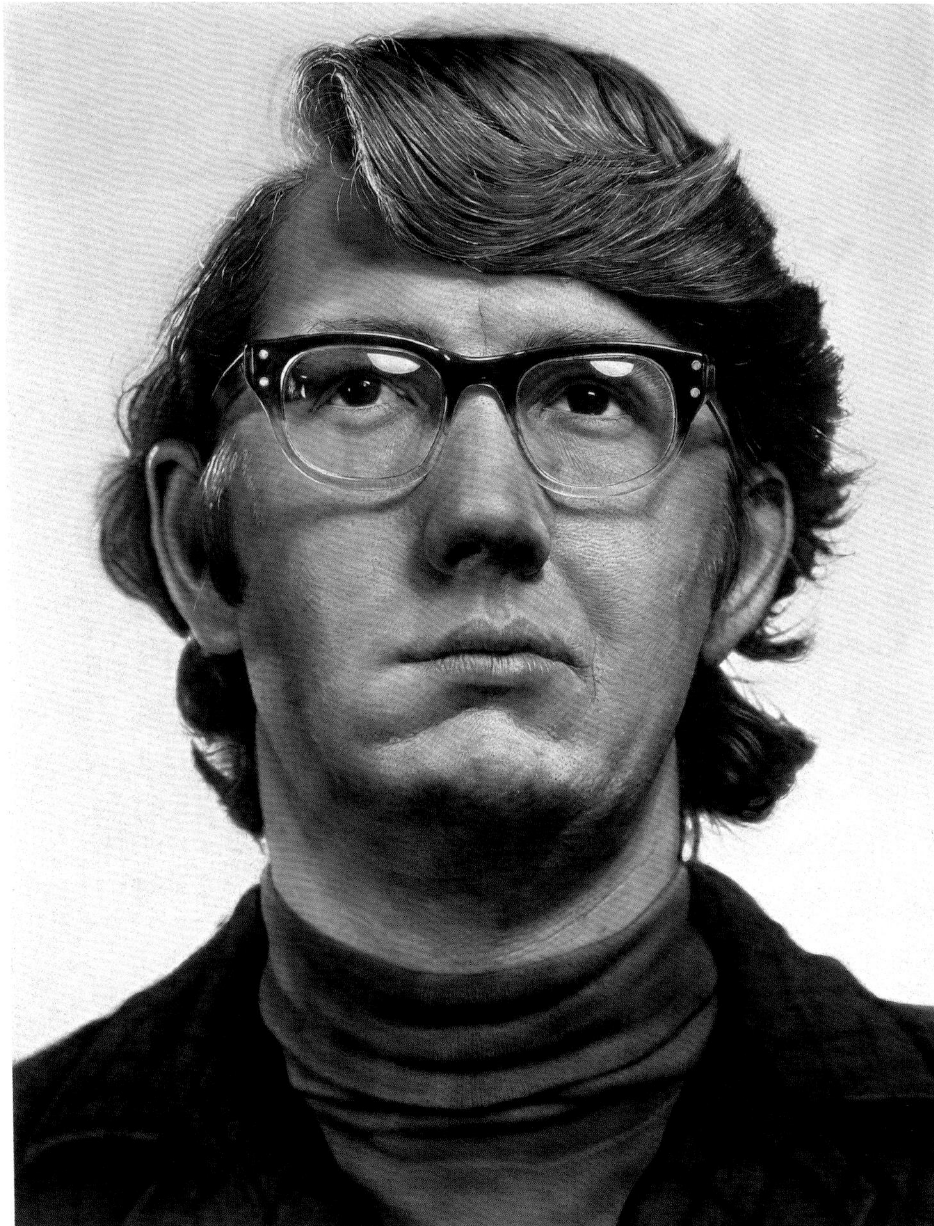

Chuck Close: *Keith* (1970)

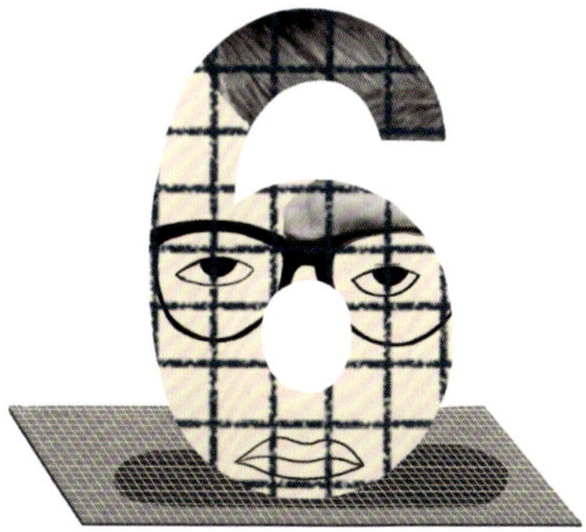

Sei detailbesessen

Als du die Seite umgeblättert hast, dachtest du bestimmt, das Bild sei ein Foto, aber weißt du was? Es ist ein riesiges Gemälde! Der Künstler Chuck Close macht Fotos von Leuten und kreiert daraus große, super-detailgenaue Zeichnungen und Gemälde. Die so detailliert und lebensecht hinzukriegen, scheint unmöglich zu sein, aber ich verrate dir Chucks Geheimnis. Er zeichnet auf das Foto ein Gitter, das das Gesicht in lauter kleine Quadrate einteilt. Dann überträgt er dieses Raster aufs Papier (nur in viel größer) und füllt dann Quadrat für Quadrat aus. So konzentriert er sich auf die Einzelheiten und behält genau die Proportionen bei. Versuche, mithilfe von Chucks Rastertechnik dein eigenes supergenaues Bild zu zeichnen oder zu malen.

Deine beiden Raster können unterschiedlich groß sein, wichtig ist aber – richtig wichtig –, dass die Proportionen stimmen. Hat dein Fotoraster 10 x 20 Quadrate, muss das Raster deines Werks auch 10 x 20 Quadrate haben.

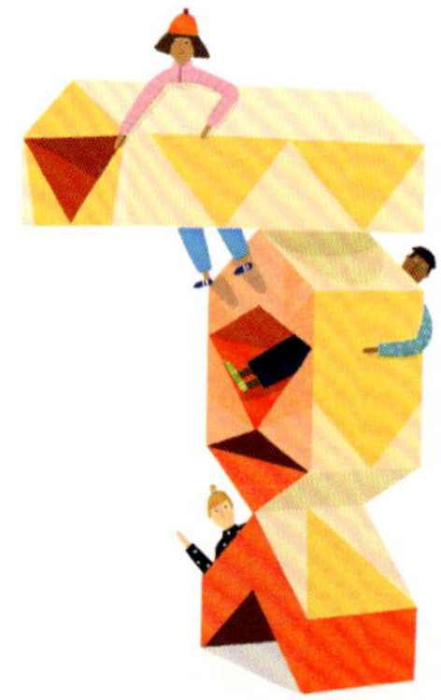

Sieh andere Dimensionen

Meist betrachten die Leute Kunstwerke nur aus einem Blickwinkel: von vorn. Skulpturen haben aber kein „Vorne“. Sie kommen erst bei einer Rundumsicht so richtig zur Geltung. So werden aus einem einzigen Objekt ungefähr eine Million Objekte! Ich liebe – echt: LIEBE – diese Skulpturen von Rachel Beach. Sie sind größer als du, und wenn du um sie herumgehst, verändern sie sich durch ihre scharfen Ecken und bemalten Flächen ständig. Im einen Moment erinnern sie an Totempfähle von Indianern, im nächsten an supermoderne Hochhäuser oder sogar Roboter! Schneide ein paar Pappen zurecht, und klebe sie zu deiner eigenen großen Skulptur zusammen, die von allen Seiten toll aussieht.

Entwirf dein Werk vielleicht zunächst einmal in groben Zügen. Überlege, wie die dreidimensionalen Formen und Ecken sich mit den Mustern und Farben vertragen, die du auf deine Skulptur malen willst.

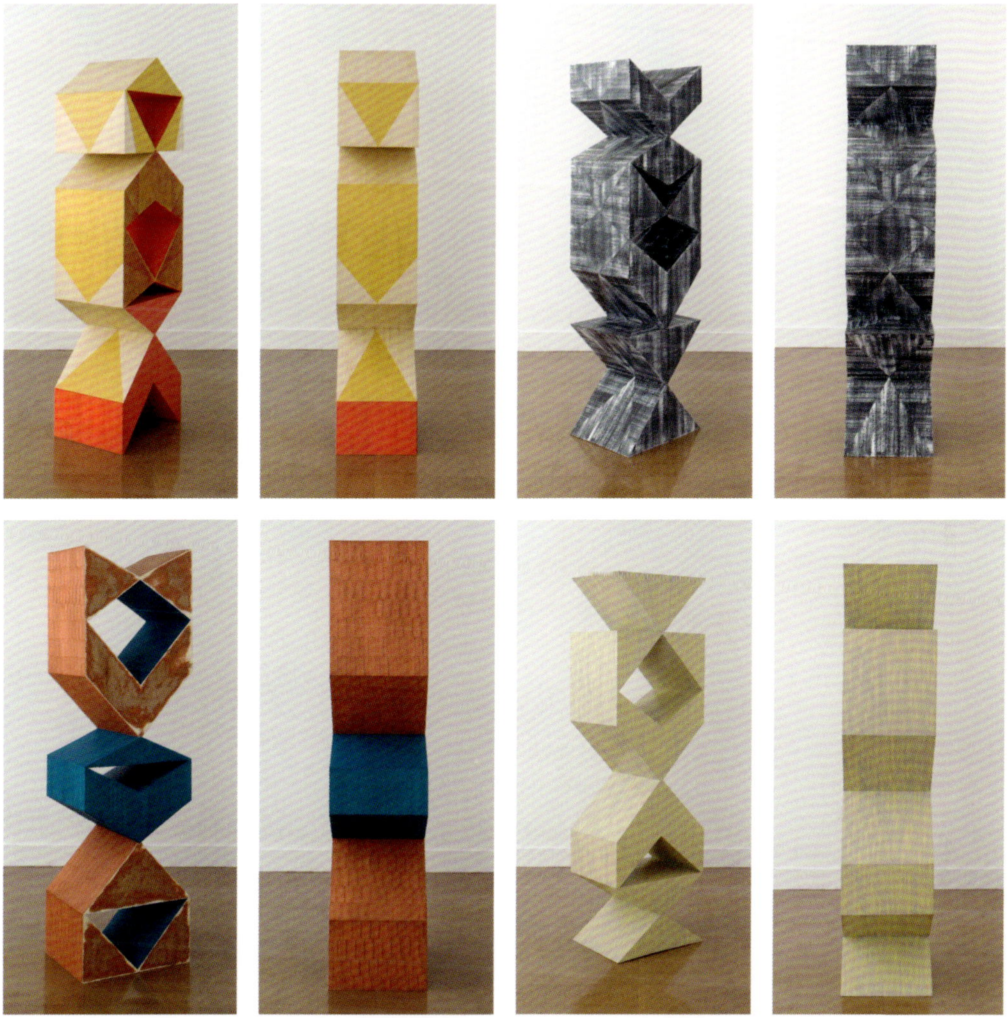

Rachel Beach: verschiedene Ansichten ihrer Skulpturen (2013)

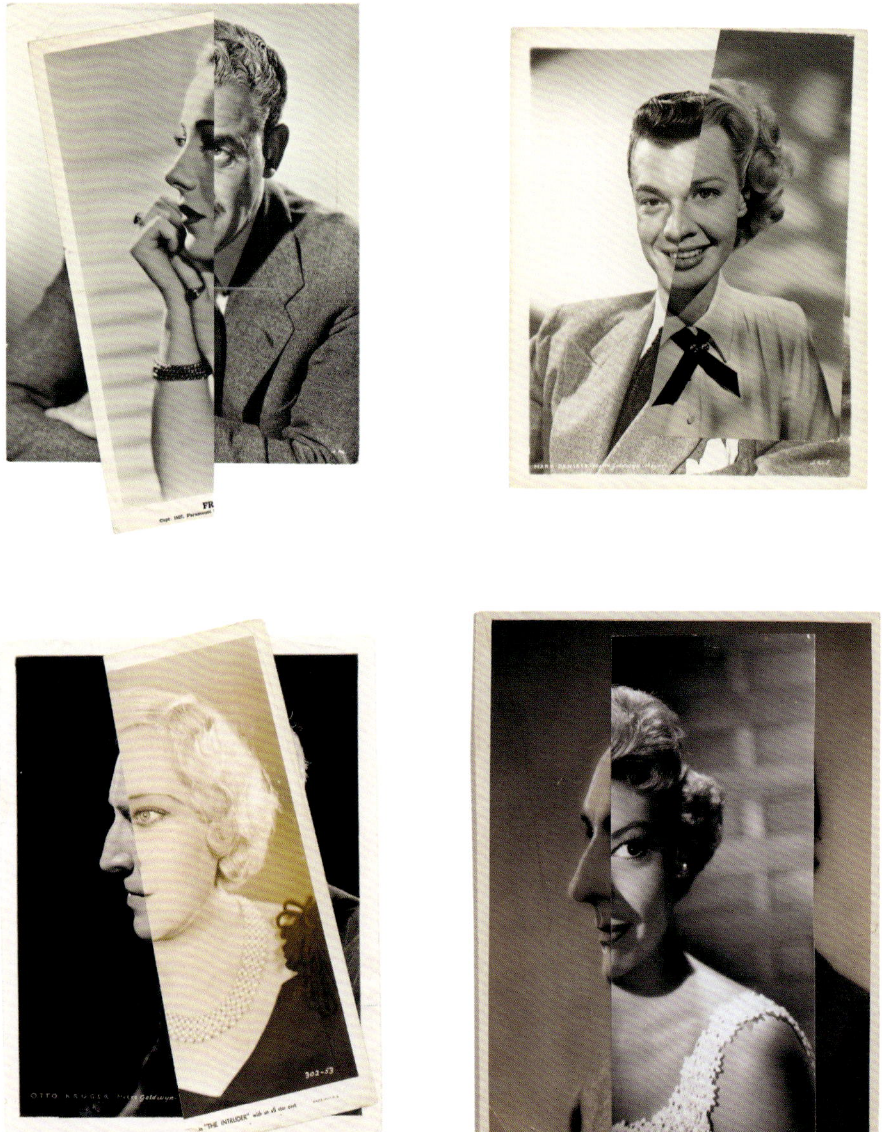

John Stezaker: *Marriage* („Ehe“) (2007–2008)

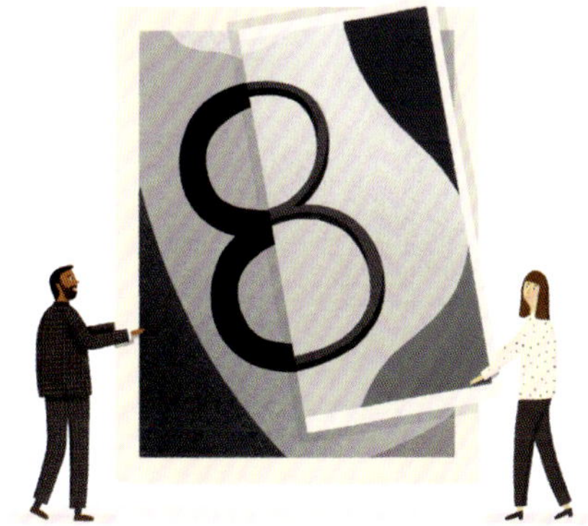

Kombiniere und kreiere

Mein Freund John Stezaker kombiniert gern alte Fotos von Hollywood-Stars, und was dabei herauskommt, ist gelinde gesagt etwas seltsam! Ich mag Johns Collagen, weil er zwei Bilder in einem kreiert. Man erkennt noch zwei Fotos von verschiedenen Leuten, aber weil deren Züge so perfekt zueinanderpassen, entsteht ein ganz neues Gesicht. Es ist, als hätte John aus zwei Menschen, die jetzt einer sind, Filmstar-Monster gemacht. Schneide aus Zeitungen und Zeitschriften Fotos aus, und kombiniere sie auf spannende Weise. Viel Spaß!

Du musst nicht Gesichter nehmen. Kreiere sonderbare Landschaften, Tiere oder Gegenstände. Wichtig ist nur, dass du auf zwei verschiedenen Bildern Elemente entdeckst, durch die beide auf überraschende Weise zusammenpassen.

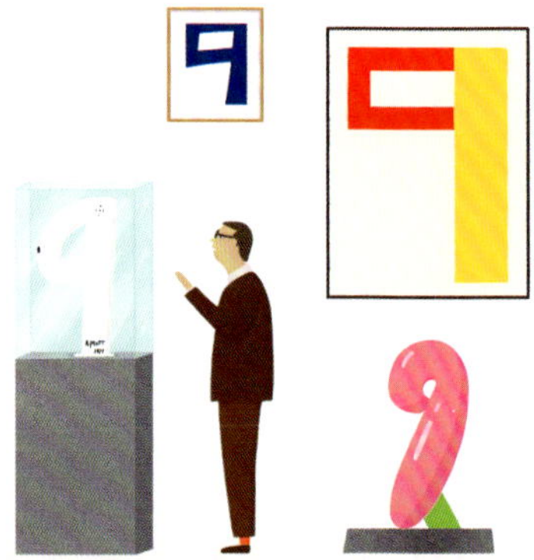

Provoziere

Wer hätte gedacht, dass eines der bedeutendsten Kunstwerke des 20. Jahrhunderts gar kein Kunstwerk ist? Jedenfalls ursprünglich nicht – es war nämlich ein Pinkelbecken! Als der Künstler Marcel Duchamp es in eine Galerie stellte und *Fountain* („Brunnen") nannte, hieß es: „Das ist doch keine Kunst!" Aber sobald sich alle abgeregt hatten, überlegten sie: „Na ja, wenn es in einer Galerie steht, ist es vielleicht doch Kunst. Es ist zwar ein Urinal, aber so was wie eine Skulptur." Mit seiner mutigen Tat veränderte Marcel die Vorstellungen von „Kunst" ein für alle Mal. Solche Werke heißen Readymades („Fertiges"), weil die Künstler sie weder produziert noch verändert, sondern einfach gefunden und ausgestellt haben. Suche nach einem Readymade für dein Zuhause. Gib ihm einen Titel, durch den man den Gegenstand neu wahrnimmt, und verteidige seinen Wert als „Kunst" gegen deine Familie und Freunde.

Wichtig ist, dass dir klar ist, warum dein Readymade als Kunstwerk gelten kann. Es geht nicht nur darum, witzig zu sein, sondern darum, dass Leute ganz gewöhnliche Dinge plötzlich anders betrachten. Deswegen kommt es so sehr darauf an, welchen Titel du wählst.

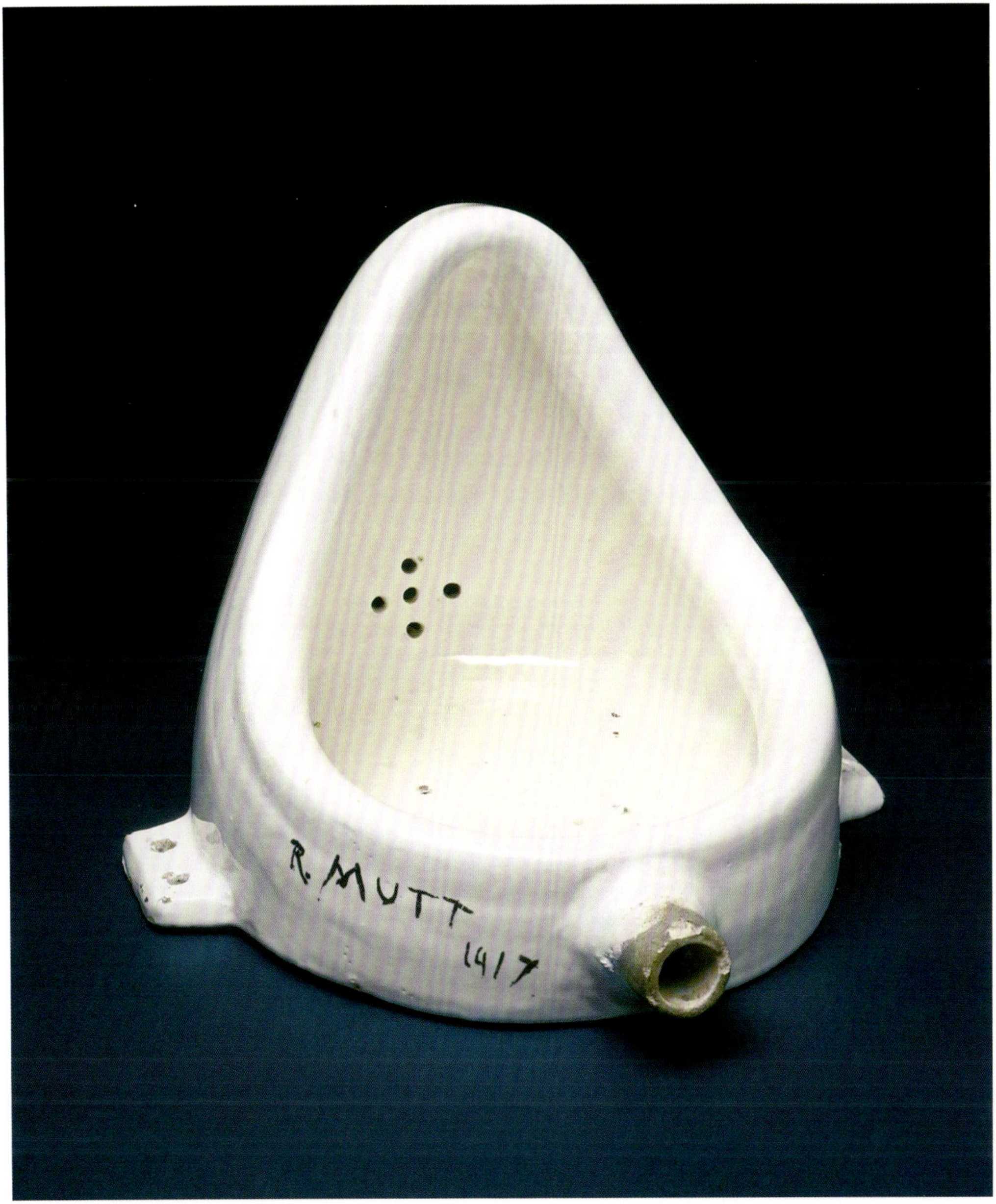

Marcel Duchamp: *Fountain* (Replik von 1950 des Originals von 1917)

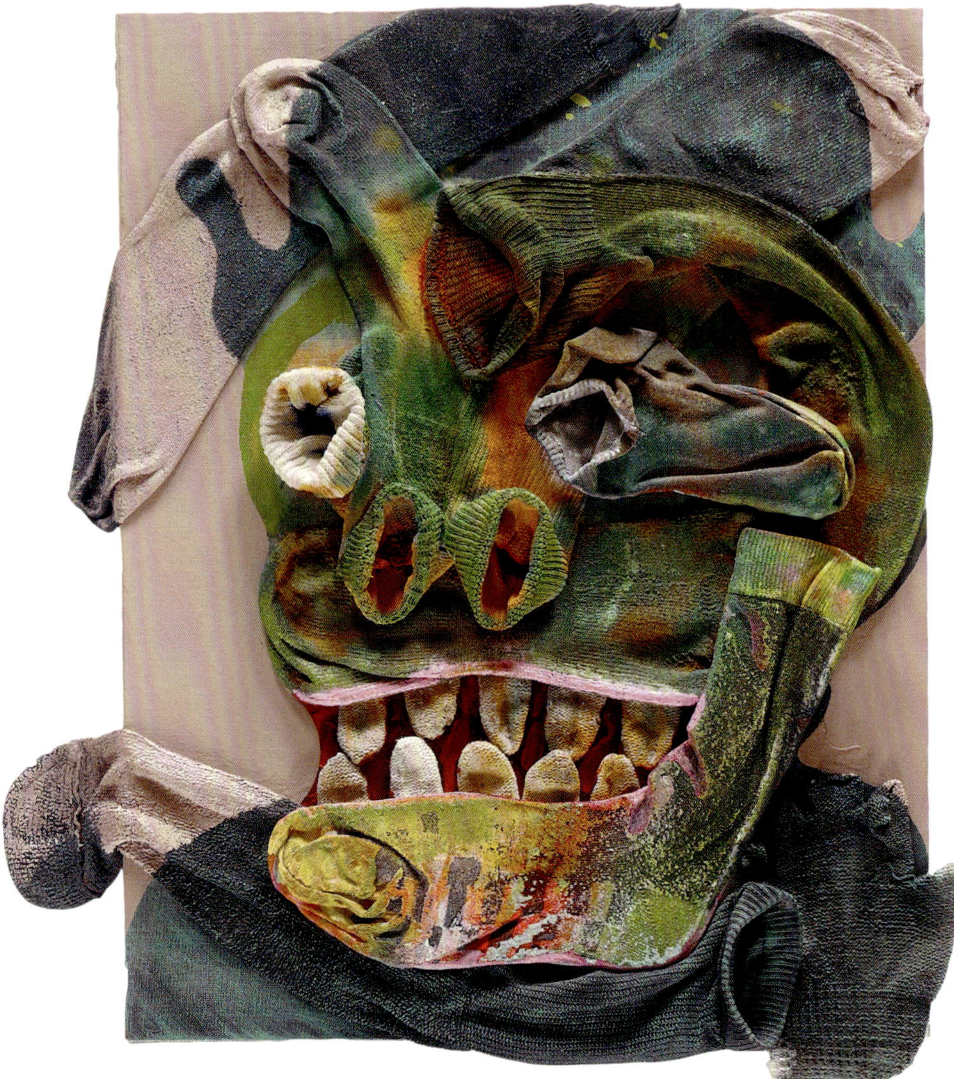

Aaron Johnson: *Dandy* („Geck“) (2013)

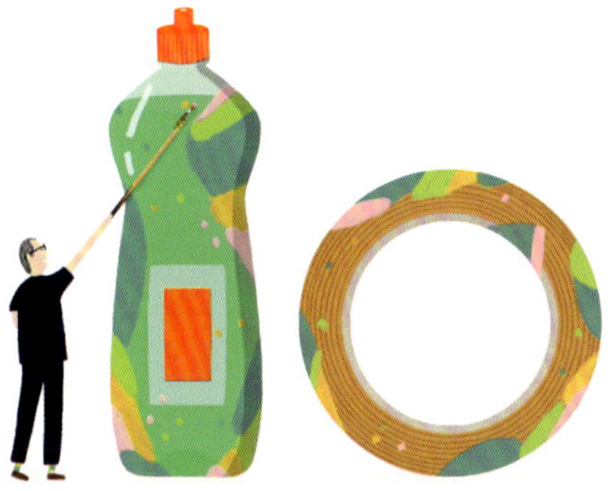

Sei ein Sachensucher

Aaron Johnson zeigt uns, dass richtig coole Kunst aus allem und jedem entstehen kann, sogar aus Socken! Hier klebte Aaron Socken auf eine Pappe in der Form eines Monstergesichts und malte sie dann in scheußlichem Grün und anderen Farben an. Die Kombination der Materialien – Farbe und Socken – ergibt ein verblüffend witziges und ausdrucksstarkes Bild. Man könnte meinen, die Socken wären große, breite Pinselstriche. Such dir für diese Aufgabe Haushaltsgegenstände wie alte Klamotten, Essensbehälter oder sonst etwas, woraus du dein eigenes Werk gestalten kannst.

Dein Bild kann alles darstellen – ein Gesicht, ein Auto, ein Haus oder einen Baum. Überlege, welche Farbe der Hintergrund haben soll. Den musst du nämlich malen, bevor du die Sachen aufklebst.

Farbe

Jeder hat seine Lieblingsfarbe. Nur eine zu haben ist aber eigentlich seltsam, denn je nachdem, neben welchen Farben sie steht, ändert sich ihre Wirkung. Farben sind also eine ganz schön komplizierte Sache. Hier ein paar Dinge, die du wissen solltest.

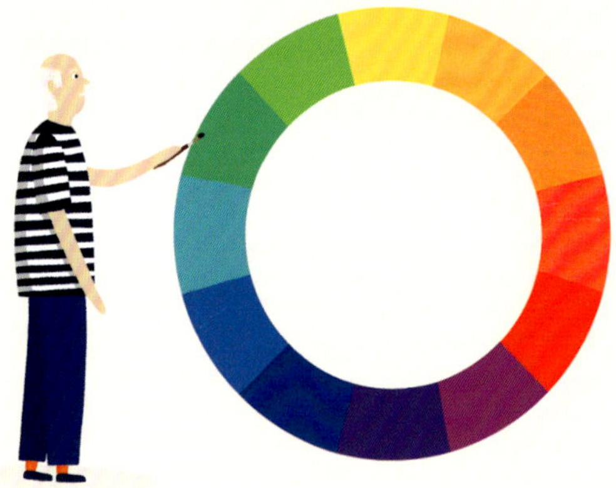

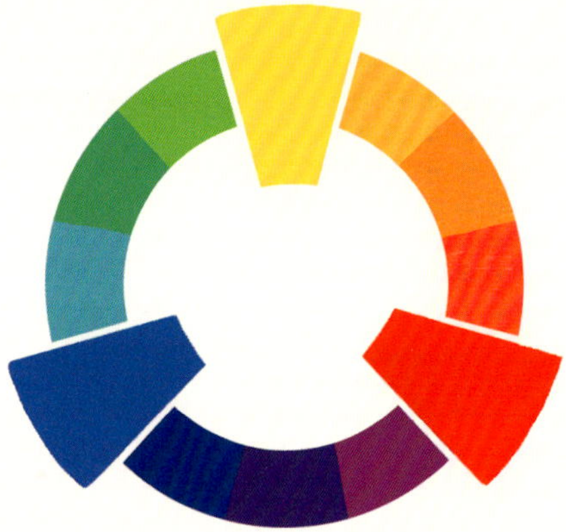

Der Farbkreis

Er hilft Künstlern wie dir dabei, aus Farben schlau zu werden. Wenn du Farben in Gruppen zusammenfasst, erkennst du, welche miteinander harmonieren und warum.

Primärfarben

Sämtliche Farben der Welt beruhen auf nur drei Farben: Rot, Gelb und Blau. Sie heißen Primärfarben, weil alle anderen Farben aus unterschiedlichen Mischungen von ihnen bestehen (primär = zuerst, ursprünglich).

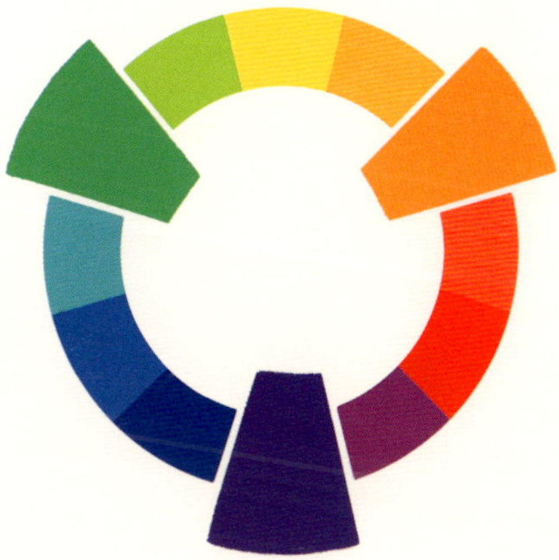

Sekundärfarben

Die Sekundärfarben (sekundär = zweitrangig) Grün, Violett, Orange entstehen, wenn zwei Primärfarben gemischt werden. Siehst du, wie im Farbkreis Grün zwischen Gelb und Blau liegt? Das ist so, weil eine Mischung aus Gelb und Blau Grün ergibt.

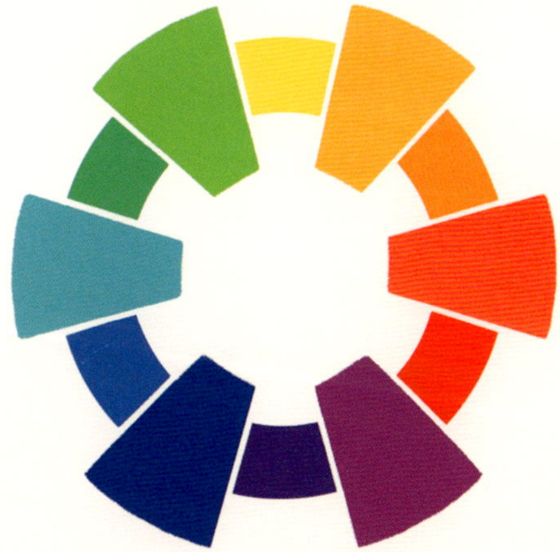

Tertiärfarben

Jetzt wird's noch bunter – und komplizierter. Eine Tertiärfarbe (tertiär = drittrangig) entsteht, wenn du eine Primär- mit einer Sekundärfarbe mischst. Siehst du, dass beim Mixen von Gelb (primär) und Grün (sekundär) Grüngelb (tertiär) entsteht?

Auch richtig coole Künstlerinnen und Künstler müssen beim Farbenmixen manchmal den Farbkreis zurate ziehen. Halte diese Seite immer griffbereit, oder mach dir deinen eigenen richtig coolen Farbkreis.

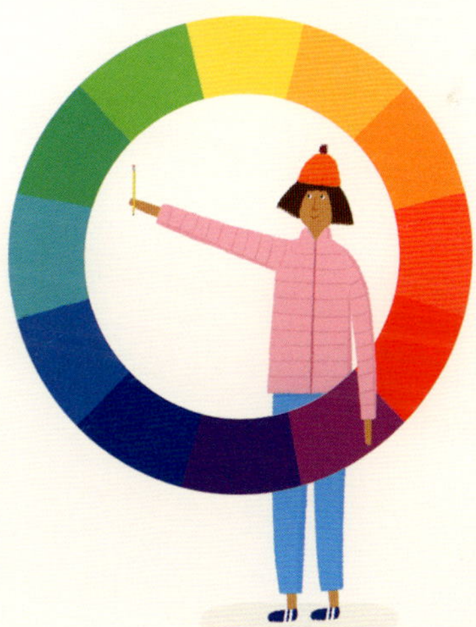

Basiswissen: Farbe

Je nachdem, neben welchen Farben eine Farbe liegt, hat sie eine andere Wirkung. Du kannst entweder eine Palette „harmonierender Farben" oder „Komplementärfarben" wählen. Wichtig ist, sich klarzumachen, dass Farben emotionale Wesen sind und jede eine andere Stimmung transportiert.

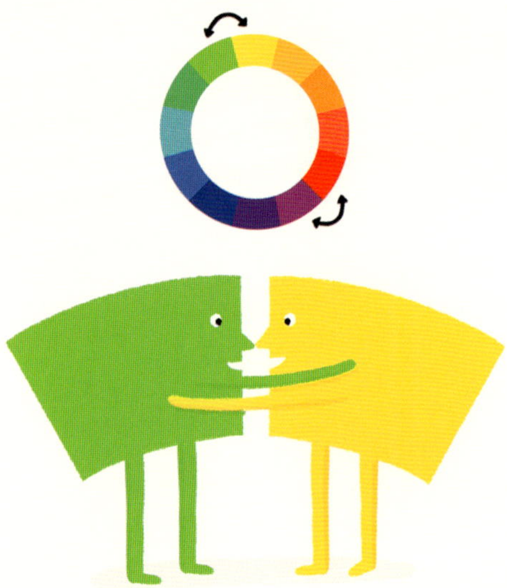

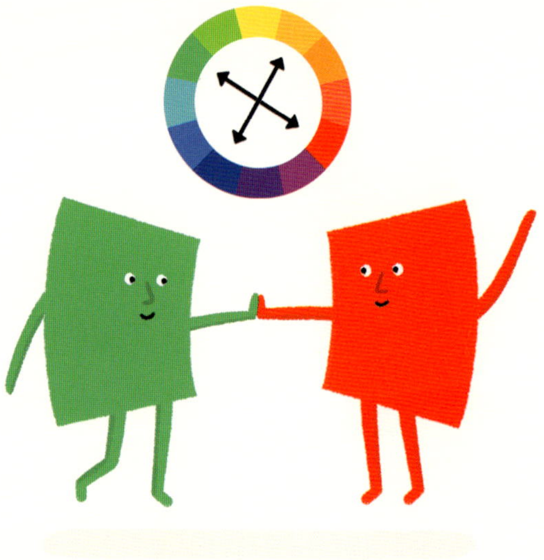

Harmonierende Farben

Sie liegen im Farbkreis nebeneinander, und weil sie direkte Nachbarn sind, verstehen sie sich auch richtig gut. Von Grün zu Gelb, von Rot zu Blau ... Merkst du, wie angenehm sie für die Augen sind? Sie erzeugen eine ruhige, harmonische Wirkung.

Komplementärfarben

Sie liegen im Farbkreis einander gegenüber, und wenn sie aufeinandertreffen, solltest du besser in Deckung gehen, denn da knallt's! Siehst du, was passiert, wenn du Rot und Grün oder Violett und Gelb nebeneinanderstellst? Diese Kombinationen wirken nicht beruhigend, sondern energiegeladen.

Die Gefühlswerte der Farben

Die Farben deines Kunstwerks können die Stimmung der Person beeinflussen, die es betrachtet. Je nachdem, welche Erfahrungen Menschen mit einer Farbe gemacht haben, kann sie unterschiedlich wirken. Ich kann z. B. Grün nicht ausstehen, weil mir mal ein großes, grünes Monster mein Essen geklaut hat. In der Regel reagieren wir auf Farben aber gleich. Hier ein Überblick über die Gefühle und anderen Eigenschaften, die verschiedene Farben transportieren.

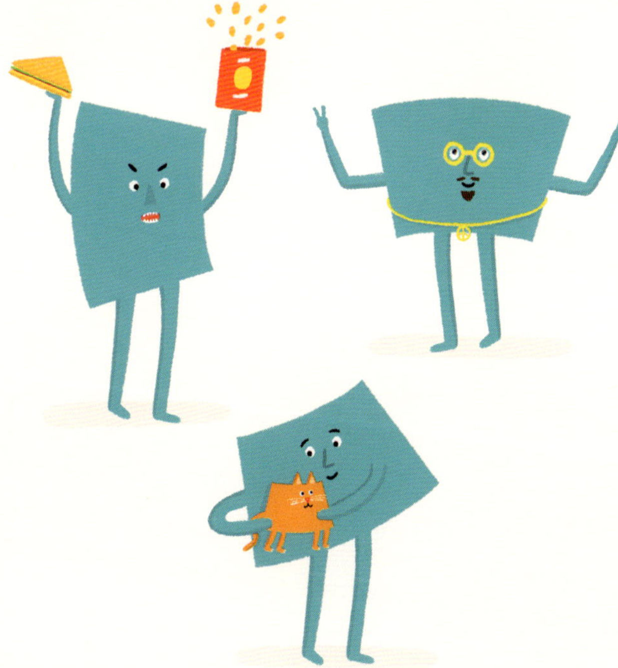

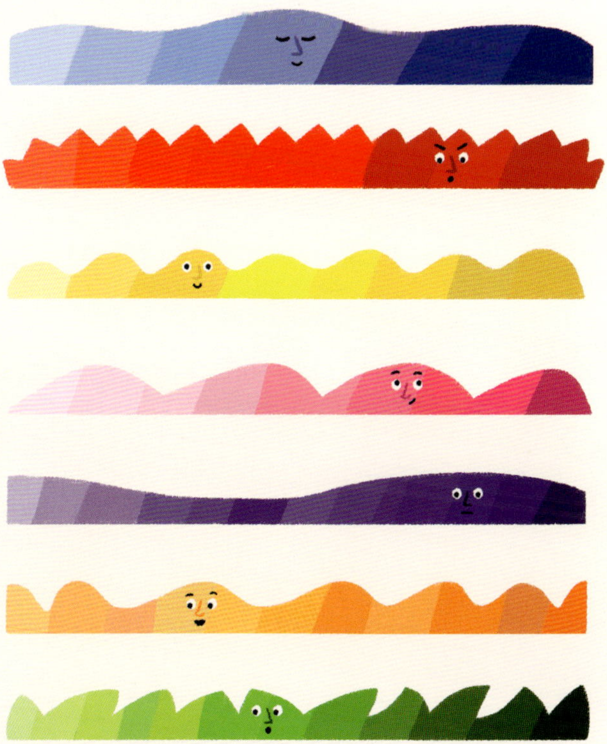

Blautöne: ruhig, friedlich, traurig

Rottöne: zornig, gefährlich, leidenschaftlich

Gelbtöne: freundlich, glücklich, positiv

Pinktöne: dynamisch, lustig, hübsch

Violetttöne: luxuriös, reif, ernst

Orangetöne: begeistert, froh, warm

Grüntöne: frisch, natürlich, sicher

11

Sprich in Farben

Lauren Badenhoop malt schöne, pralle Bilder, zu denen sie sich von den Farben ihres Heimatstaats Kalifornien inspirieren lässt. In Sachen Farbe bietet Kalifornien alles: von blauem Himmel und goldenen Stränden bis zu staubigen Wüsten, sattgrünen Weinbergen und knallweiß verschneiten, hohen Bergen. Unter all den Farben der Natur um sie herum wählt Lauren für ihre harmonischen abstrakten Gemälde sorgfältig welche aus, die zeigen, wo sie lebt und wie sie sich fühlt. Produziere ein Bild wie das von Lauren, in dem sich die Farben deiner Umgebung wiederfinden.

„Sammle" Farben, indem du bei einem Spaziergang all die Farbtöne fotografierst, die dir auffallen. Schau zu Hause, welche am besten zusammenpassen, und mische deine Farben dann so, dass sie den von dir „gesammelten" entsprechen.

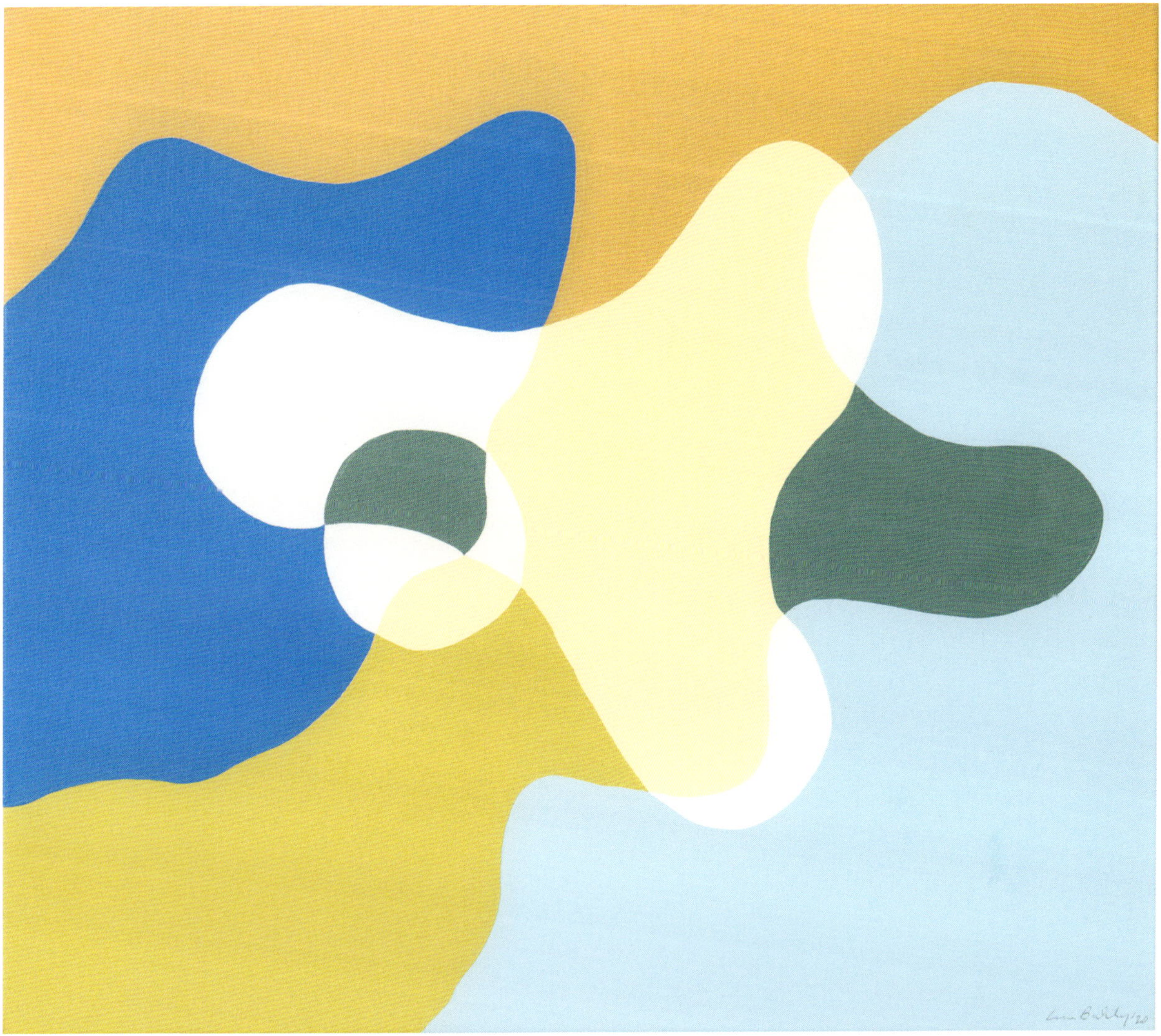

Lauren Badenhoop: *Dawn on Wade* („Morgendämmerung auf dem Berg Wade") (2020)

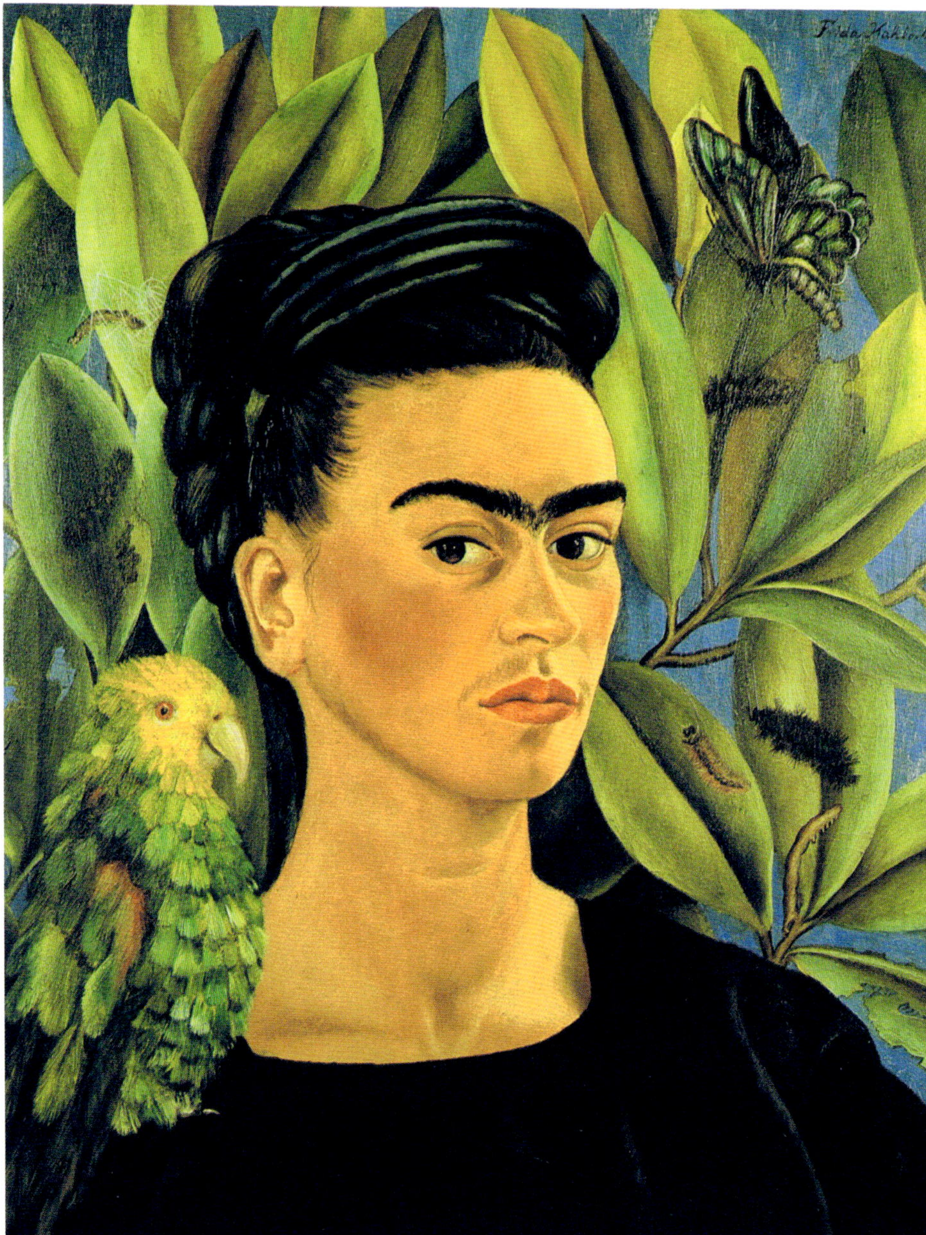

Frida Kahlo: *Selbstbildnis mit Bonito* (1941)

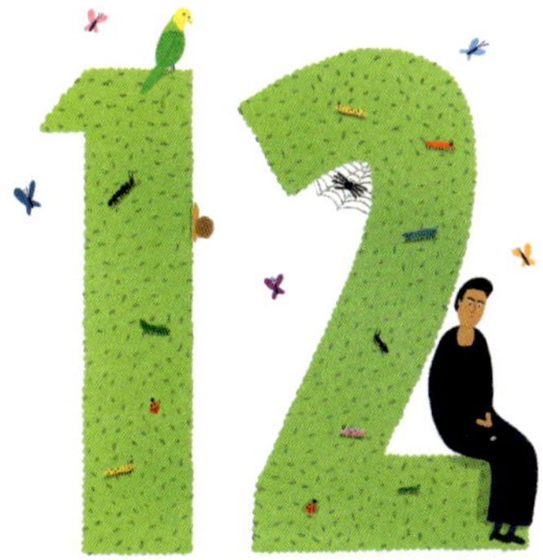

Mach was über dich

Dies ist ein Selbstporträt der mexikanischen Künstlerin Frida Kahlo. Frida litt lebenslang unter seelischen und körperlichen Schmerzen, und viele ihrer Selbstbildnisse zeigen, wie sie sich gerade fühlte. Dieses malte sie kurz nach dem Tod ihres Vaters; außerdem geht es hier um ihren Papagei Bonito, der ebenfalls kurz vorher gestorben war. Vor einem Hintergrund aus üppigem Grün, Raupen und Schmetterlingen (Symbole für Leben und Wiedergeburt) sieht man Frida ganz in Schwarz und ohne Schmuck. Sie trägt Trauer, und als sie das Bild schuf, vermisste sie ihren Vater und Bonito sicher sehr. Male ein Selbstporträt, und verwende dafür Gegenstände, die zeigen, wie du dich gerade fühlst.

Selbstbildnisse müssen nicht das Thema Traurigkeit haben. Vielleicht freust du dich auf etwas, z. B. deinen Geburtstag oder die Schulferien. Mach dir Gedanken über deine Kleidung, suche ein paar Gegenstände zusammen, und male dich vor einem Spiegel. Findest du keine passenden Sachen, denk dir was aus – so wie Frida!

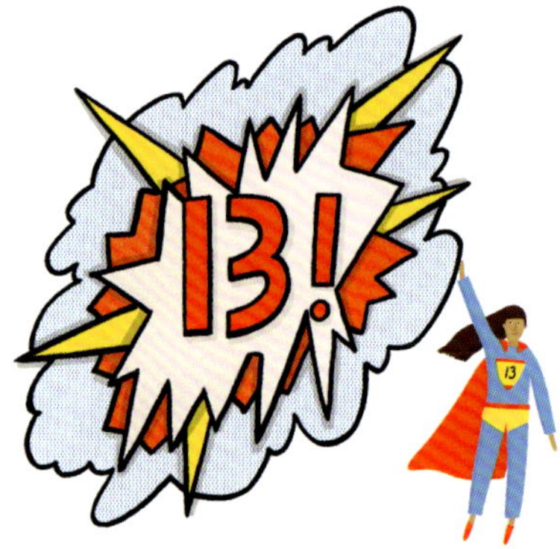

Sei ein Popstar

Roy Lichtenstein gilt als „Popkünstler“, weil er Werke schuf, die auf der Populärkultur beruhen, vor allem auf Comics. Roy wählte aus Comics Bilder aus und machte riesige Gemälde daraus. An diesem Werk mag ich, dass er das Bild komplett aus der Comic-Handlung herausgelöst hat und unsere Aufmerksamkeit ganz auf das Paar im Auto lenkt. Wir haben keine Ahnung, wohin sie fahren und warum, ob sie sich gerade amüsieren oder streiten! Etwas aus seinem ursprünglichen Zusammenhang („Kontext“) zu lösen macht super viel Spaß, weil man so seine Bedeutung völlig verändern kann. Schneide aus Comics Bilder aus, und mach aus deinen Lieblingsbildern eigenständige Gemälde.

Je nachdem, wie dein Popgemälde aussehen soll, kannst du wie Roy Elemente des Originalbilds verändern oder vereinfachen. Beim Kopieren der wesentlichen Bestandteile kann dir die Rastertechnik von Chuck Close helfen (Seite 21).

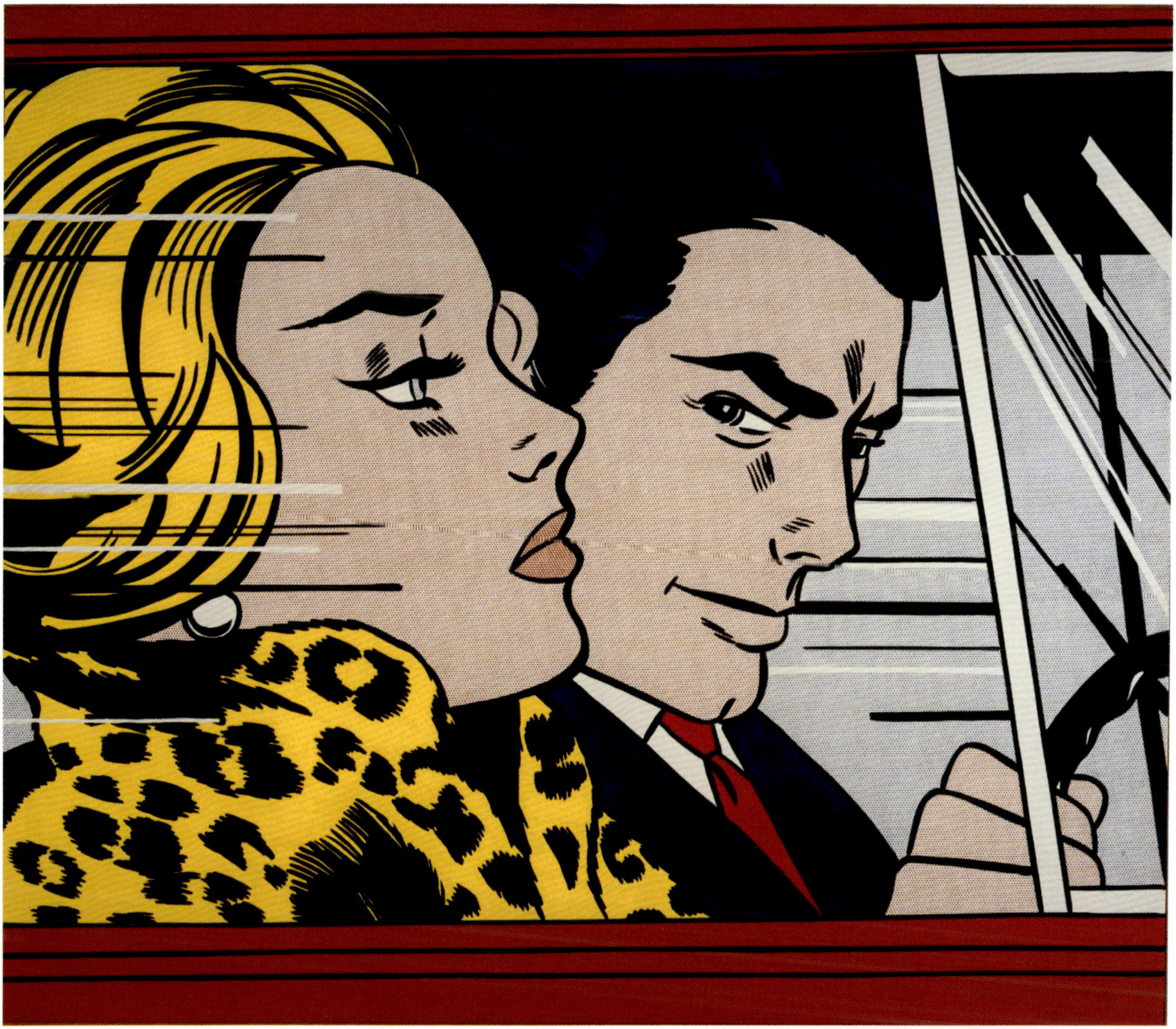

Roy Lichtenstein: *In the Car* („Im Auto“) (1963)

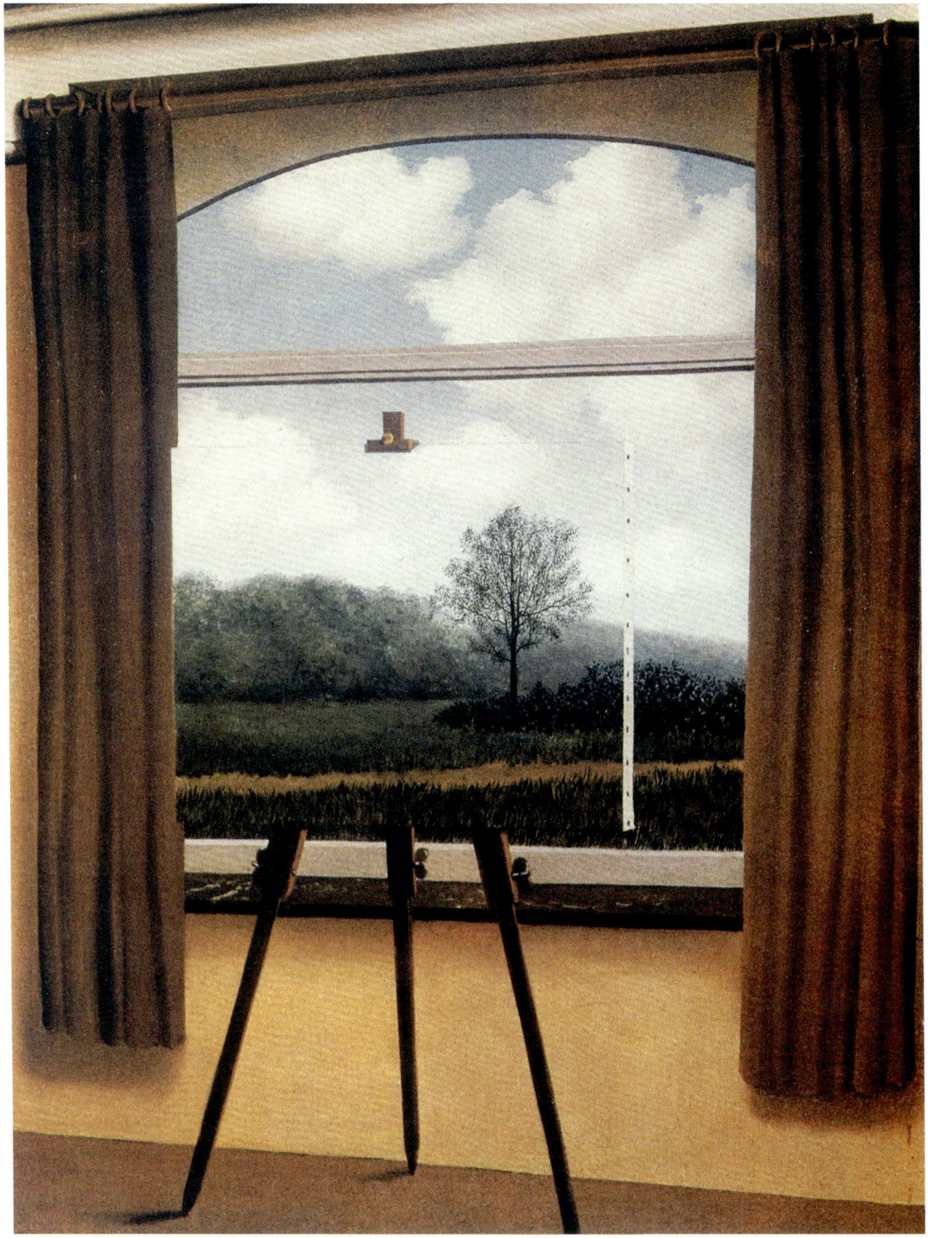

René Magritte: *Die Beschaffenheit des Menschen* (1933)

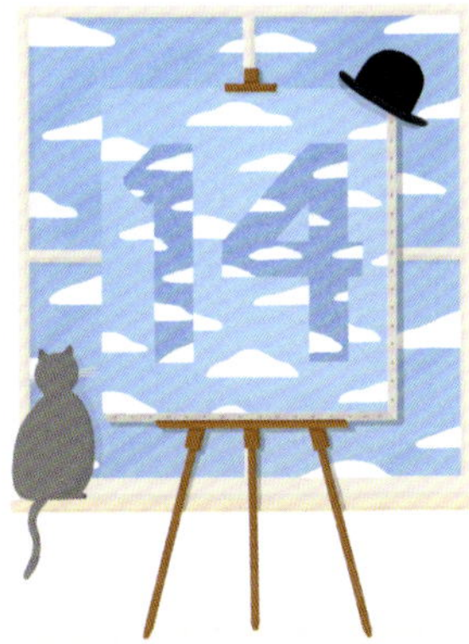

Verfremde Dinge

Vielleicht hast du schon mal gehört, wie jemand das Wort „surreal" benutzt hat, z. B. so: „Letzte Nacht habe ich von einer riesigen, regenbogenfarbenen Möhre geträumt, auf der ein Elefant in Frack und Zylinder ritt. Das war echt surreal." René Magritte gilt als surrealistischer Maler, weil einem beim Betrachten seiner Gemälde sonderbare Dinge einfallen. Guck dir nur mal dieses an. Hier scheint das Bild im Bild denselben Blick hinter dem Bild im Bild zu zeigen, aber wie soll es ein „Bild" hinter einem Bild in einem Bild geben, wo ein Bild doch nur ein Bild ist? Kreiere bei dieser Aufgabe ein unmögliches Gemälde, bei dessen Anblick die Leute denken: „Häh …?"

Du könntest (wie René) Rahmen in Rahmen benutzen. Jemand könnte z. B. in einen Spiegel blicken, der alles spiegelt, nur ihn nicht. Oder du malst eine Landschaft, die Tag und Nacht kombiniert. Oder Berge, die wie Wolken über dem Meer schweben … Alles ist erlaubt!

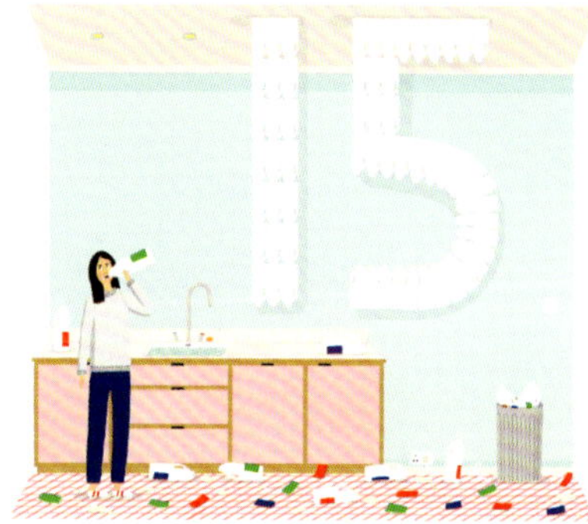

Rette Müll

Wer hätte gedacht, dass weiße Plastikmilchflaschen so schön sein können? Die Künstlerin Gayle Chong Kwan hat hier Hunderte leerer Flaschen so zusammengeklebt, dass sie wie Tropfsteine in einer uralten Höhle emporwachsen und herabhängen. Gayles Kunstwerk rückt einen alltäglichen Wegwerfartikel und die Müllberge, die unseren Planeten verschmutzen, in ein ganz neues Licht. Hol Plastikverpackungen aus dem Abfall, und mach daraus Kunst. Verwandle dein Zimmer in eine Höhle mit einem riesigen Hochhaus oder gigantischen Wollhaarmammut darin! Aber kreiere etwas richtig Cooles, sodass keiner auf die Idee kommt, es wegzuwerfen.

Überleg zuerst, was für ein Kunstwerk du machen willst, damit du weißt, was du dafür brauchst. Du kannst immer den gleichen Wegwerfartikel sammeln und daraus ein einfarbiges Werk gestalten. Oder du kombinierst Plastikverpackungen unterschiedlicher Formen, Farben und Größen.

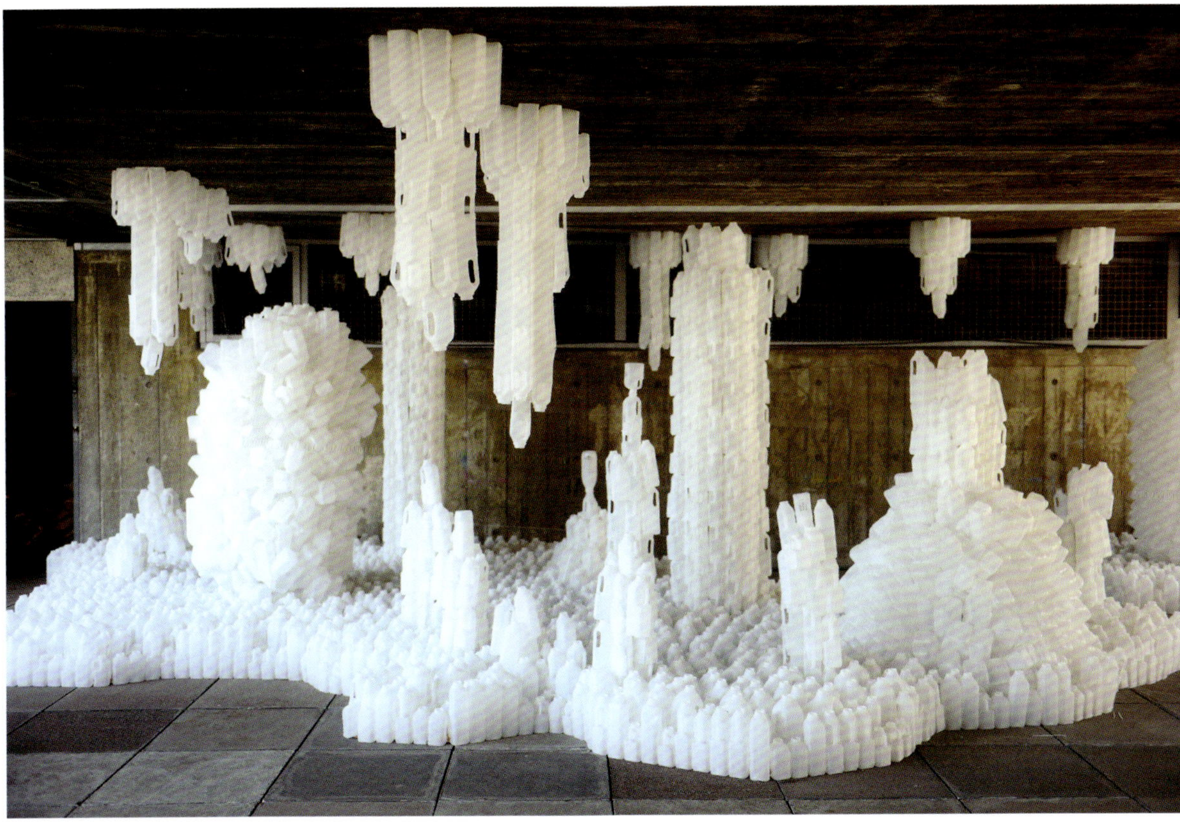

Gayle Chong Kwan: *Wastescape* („Mülllandschaft") (2012)

Farbmedien

Farben sind die wohl coolste Erfindung aller Zeiten in der Kunst. Es gibt sie in allen möglichen Tönungen und Beschaffenheiten, und sie bestehen aus ganz verschiedenen Dingen, z. B. Wasser, Öl und sogar Pflanzen! Wer richtig coole Kunst kreieren will, sollte ein bisschen was darüber wissen. Dann mal los!

Arten von Farben

Es gibt drei Arten von Farben:

Wasserfarben

Sie werden meist in Form von Farbschälchen oder Tuben verkauft, das ist gleich. Um mit ihnen zu malen, brauchst du sie nur mit Wasser zu vermischen. Schon wenig Wasser bringt viel, und je mehr du nimmst, desto verwaschener wird die Farbe. Im Gegensatz zu den anderen Farbtypen sind Wasserfarben nichtdeckend, also durchscheinend.

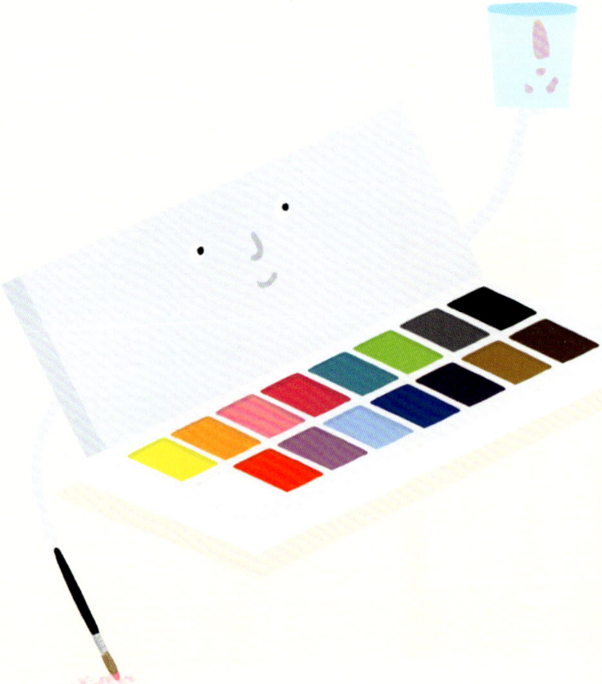

Ölfarben

Mit Ölen entstehen herrlich tiefe Farben, deren Dickflüssigkeit Gemälden Struktur und Tiefe verleiht. Anders als Wasserfarben sind Ölfarben deckend, sodass man Gemaltes mit ihnen komplett übermalen kann. Die Kehrseite ist, dass sie Tage oder sogar Wochen brauchen, um zu trocknen, was die Sache in die Länge zieht. Und da ihr wichtigster Bestandteil Öl ist, sind sie nicht wasserlöslich. Daher benötigt man zum Reinigen der Pinsel ein Mittel namens Terpentinöl.

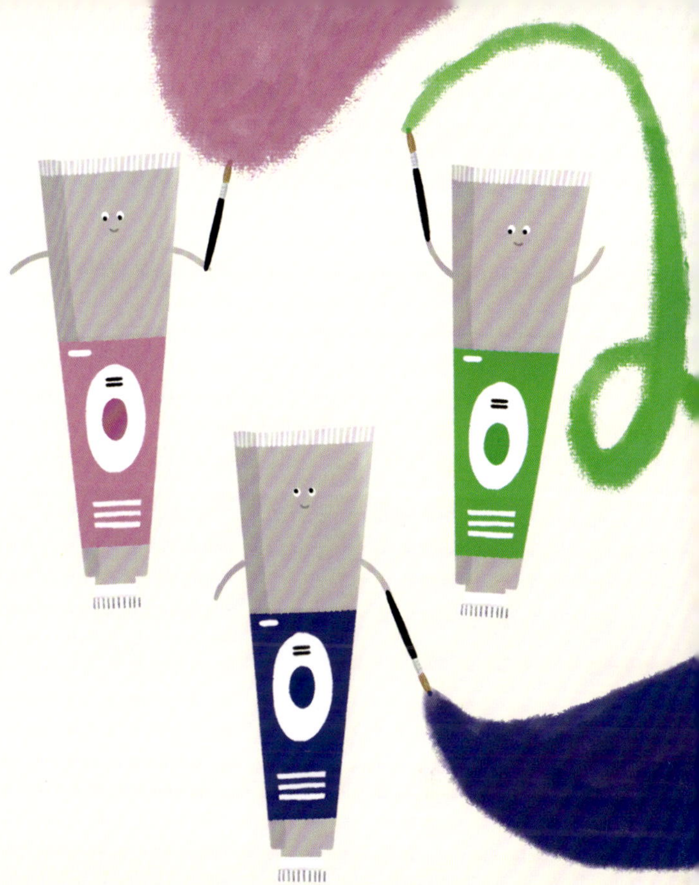

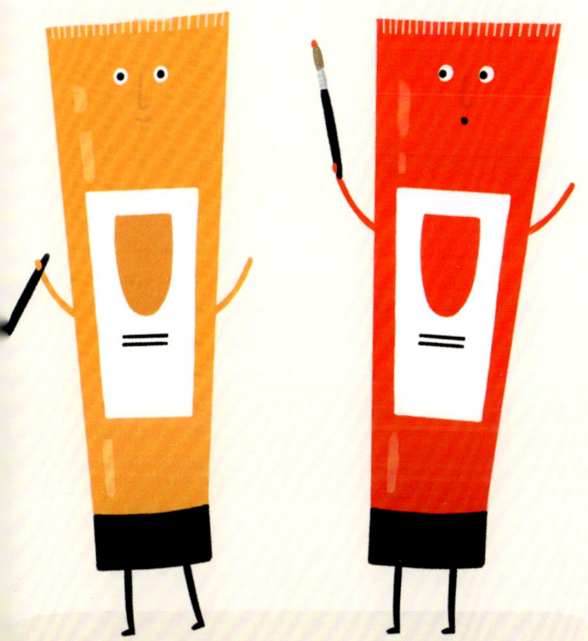

Acrylfarben

Sie sind die Youngster unter den Farben, denn sie wurden erst in den 1950er Jahren erfunden. Sie haben die Unkompliziertheit der Wasser- und die Klarheit der Ölfarben. Heraus kommen vielseitig verwendbare, benutzerfreundliche Farben. Wie Ölfarben sind sie dickflüssig und deckend, aber als wasserlösliche Farben lassen sie sich (wie Wasserfarben) mit Wasser verdünnen und auswaschen, und sie trocknen schnell. Für junge, richtig coole Künstler wie dich sind Acrylfarben für den Anfang prima geeignet.

Grob gesagt gibt es Flachpinsel, mit denen man große Flächen malt, und Rundpinsel, die sich gut für das Malen feiner Linien und Details eignen.

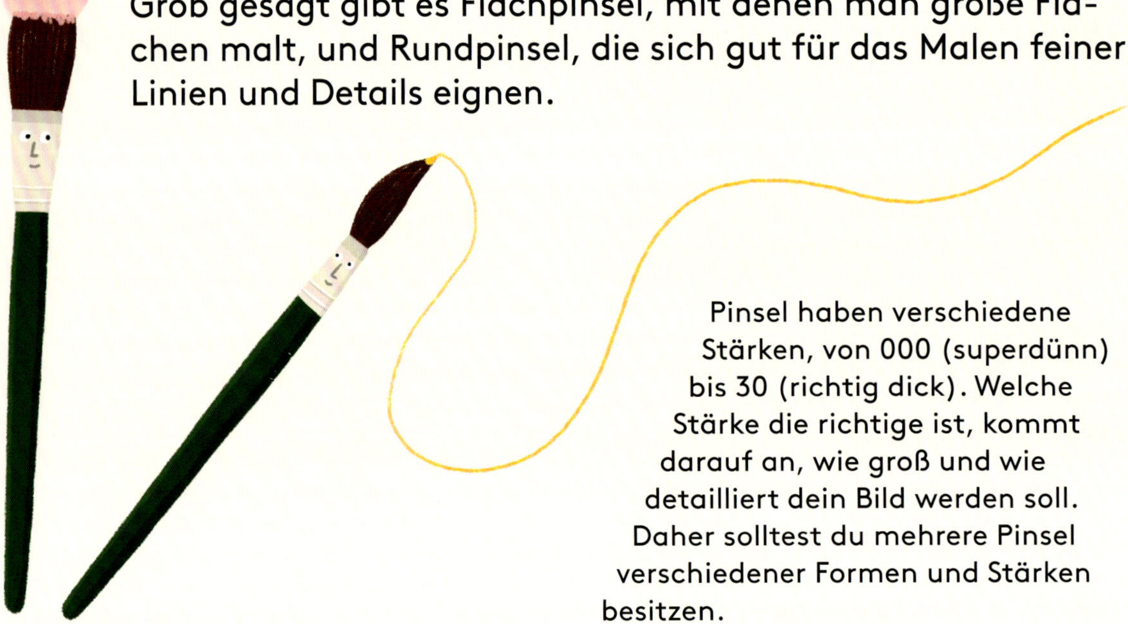

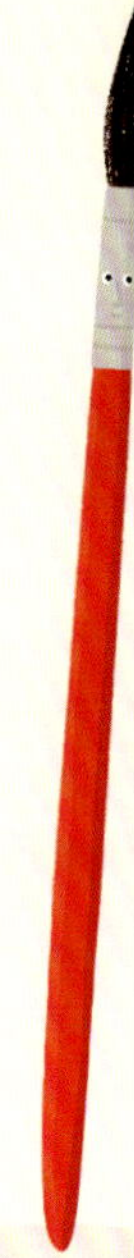

Pinsel haben verschiedene Stärken, von 000 (superdünn) bis 30 (richtig dick). Welche Stärke die richtige ist, kommt darauf an, wie groß und wie detailliert dein Bild werden soll. Daher solltest du mehrere Pinsel verschiedener Formen und Stärken besitzen.

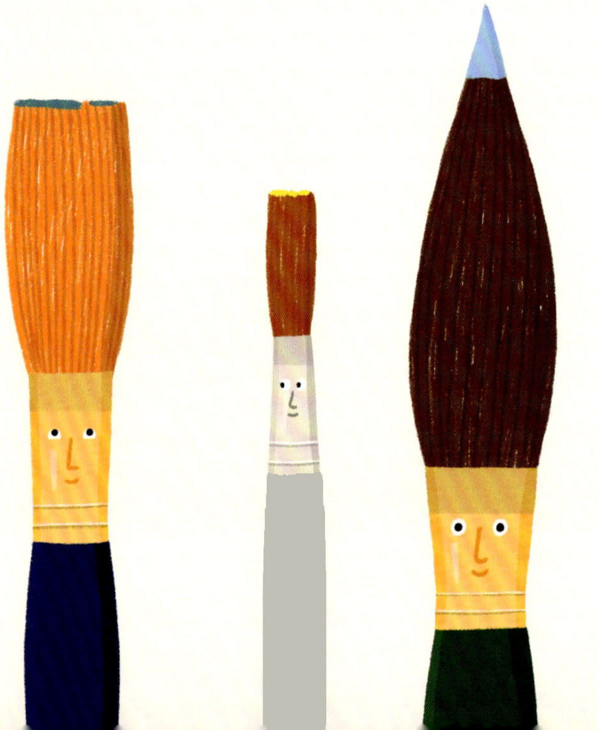

Pinsel sauber halten

Du brauchst beim Malen erstaunlich wenig Farbe. Tauche den Pinsel daher nicht tief in die Farbe ein, sondern versuche dir anzugewöhnen, ihn nur leicht einzustippen. Wenn du merkst, dass du anfängst herumzukleckern, weil zu viel Farbe im Pinsel ist, wasche ihn aus, lass ihn trocknen, und stippe weiter.

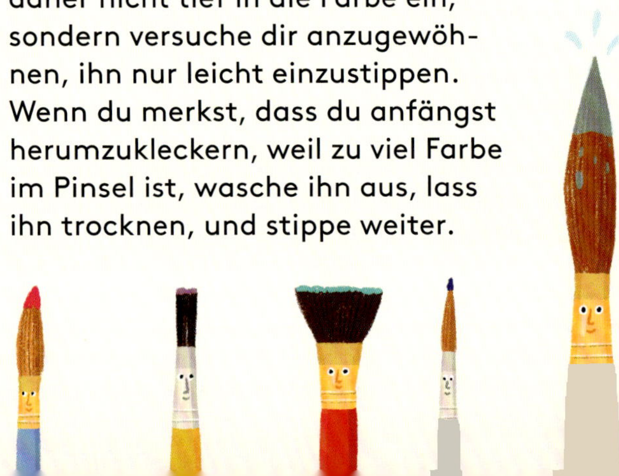

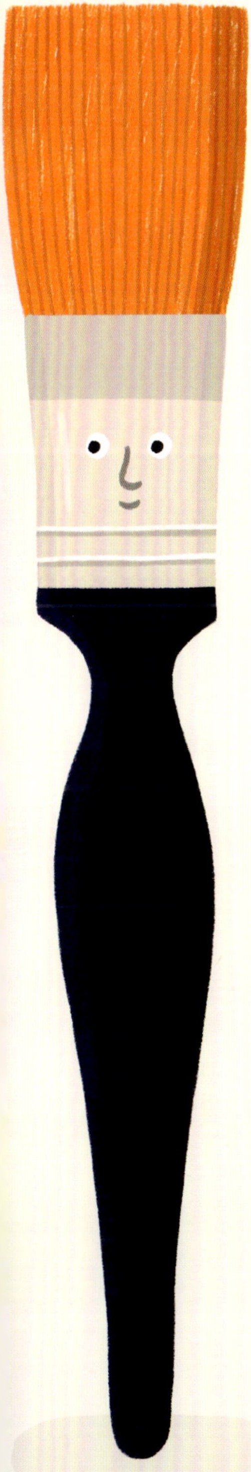

Andere Malmethoden

Pinsel sind nicht das Einzige, womit richtig coole Künstlerinnen und Künstler „malen“. Es gibt noch andere Möglichkeiten, auf Bildern interessante Effekte zu erzielen.

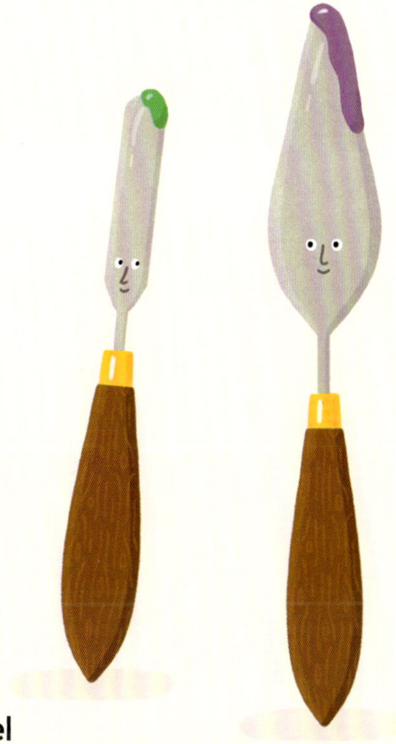

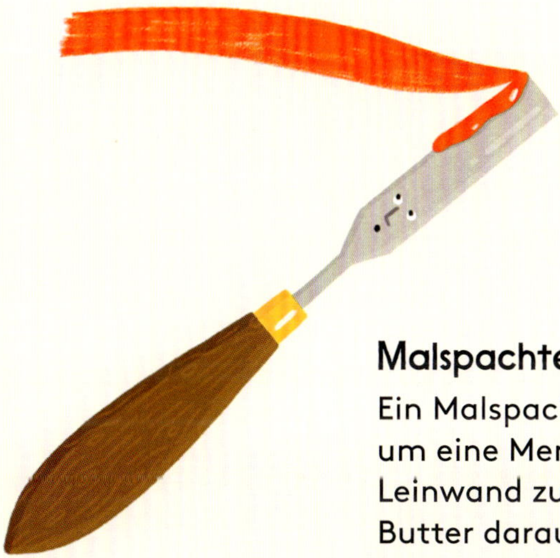

Malspachtel

Ein Malspachtel ist genau das Richtige, um eine Menge dicke Farbe auf deine Leinwand zu bringen, die du dann wie Butter darauf verstreichst. Außerdem kannst du damit Farbe wegkratzen und so kleine Hingucker erzeugen.

Schwämme

Damit kann man Farbe verwischen, Farbe auf Farbe tupfen und interessante Strukturen produzieren. Für große Flächen eignen sich große Schwämme, und für die Detailarbeiten kannst du einen großen Schwamm in mehrere kleine zerreißen.

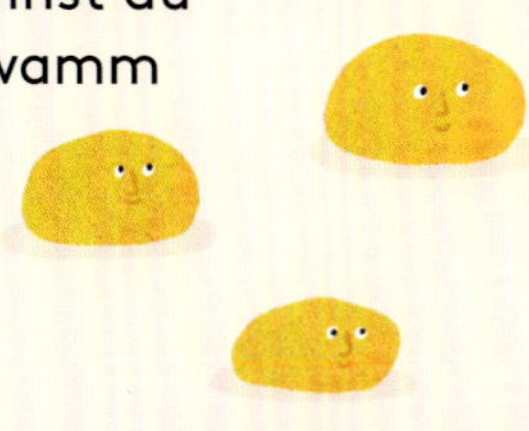

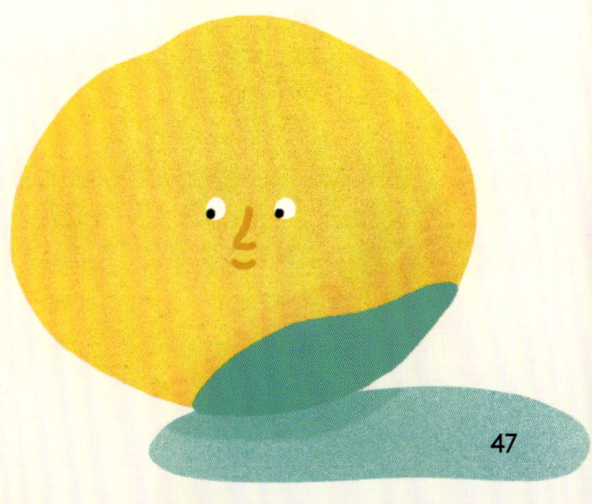

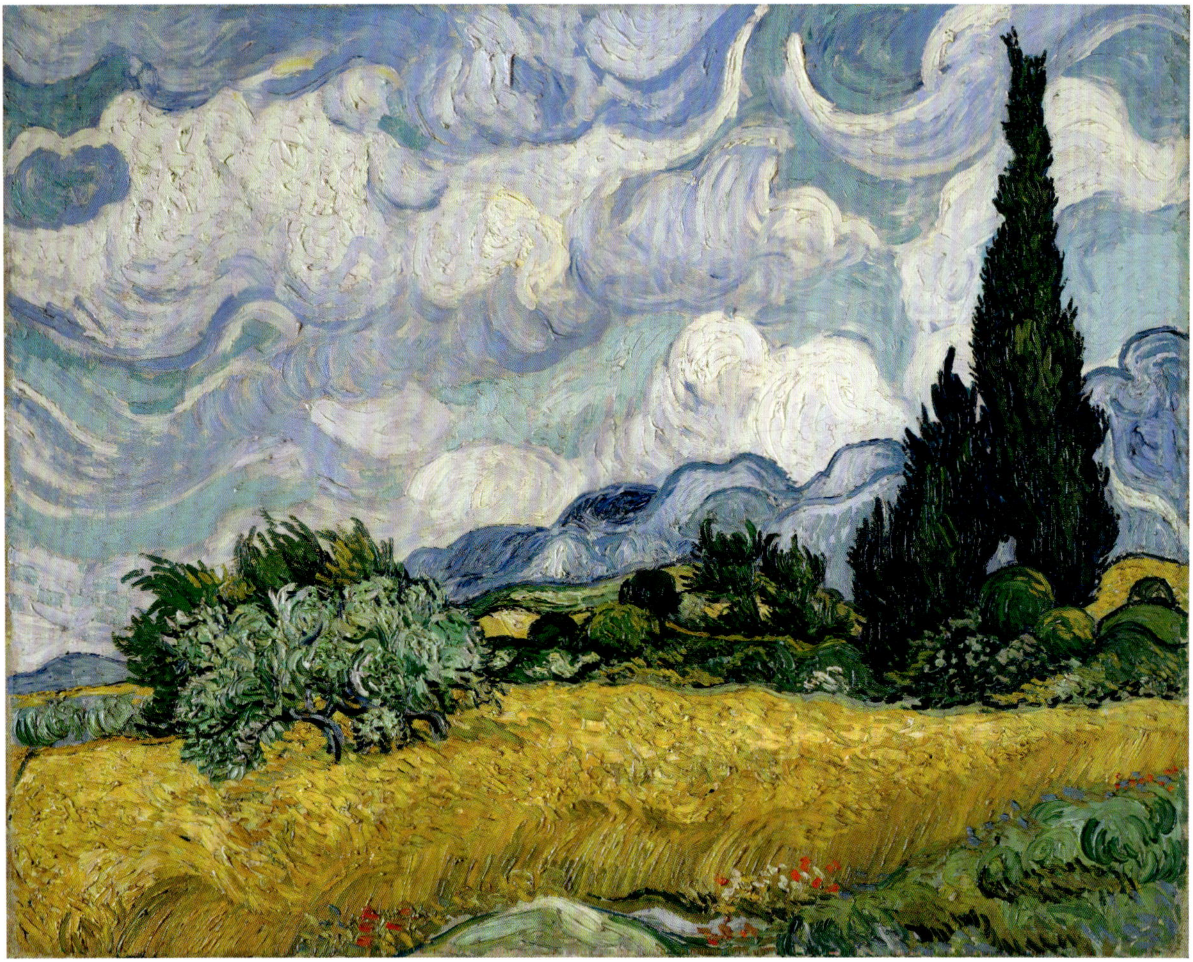

Vincent van Gogh: *Weizenfeld mit Zypressen* (1889)

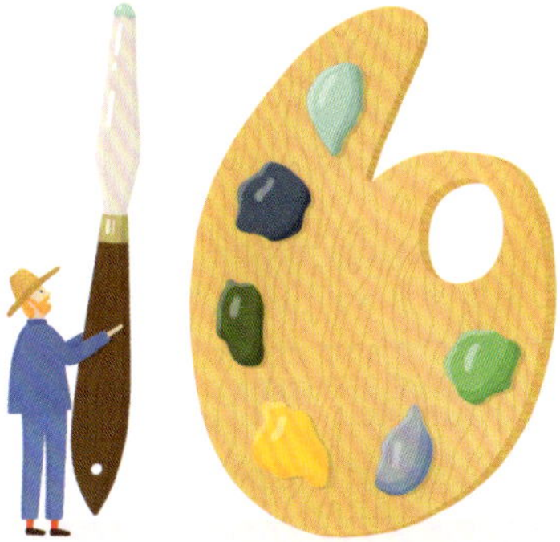

Trag dick auf

Du hast bestimmt schon mal von Vincent van Gogh gehört. Er ist einer der berühmtesten Künstler aller Zeiten. Mit Recht. Egal, was sie zeigen: all seine Gemälde sind ausdrucksstark und voller Emotionen. Sieh, wie die Wolken und die Bäume auf diesem Bild herumzuwirbeln scheinen, als ob der Wind in sie hineinführe. Um diese Wirkung zu erzeugen, nutzte Vincent eine Maltechnik namens „Impasto": Er brachte die Farbe richtig dick auf und produzierte große, grobe Pinselstriche. Weil die Oberfläche dadurch uneben ist, wird auch das Licht reflektiert. Probier mal, ein ebenso ausdrucksstarkes Impasto-Gemälde zu machen.

Viele Impasto-Künstler tragen die Farbe eher mit dem Malspachtel als mit dem Pinsel auf, und zwar so ähnlich, wie ein Maurer beim Bauen einer Mauer den Mörtel draufklatscht. Nimm dafür Acryl- oder Ölfarben, weil sie viel dicker sind als Wasserfarben.

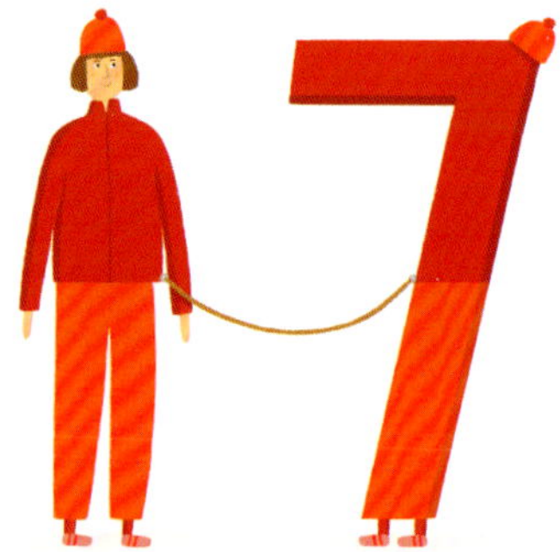

Spiel verrückt

Tehching Hsieh ist ein „Performance-Künstler“, d.h., er macht Kunstwerke aus etwas, das er im echten Leben tut. Diese Fotos dokumentieren sein Werk *Art Life/One Year Performance (Rope Piece)*. Halt dich fest: Für *Rope Piece* band er sich für ein ganzes Jahr mit einem Seil (*rope*) an seine Freundin und Kollegin Linda Montano! Tehching und Linda mussten alles gemeinsam machen, was mit der Zeit nicht unproblematisch war, wie du dir vorstellen kannst. *Rope Piece* beruht auf einer witzigen Idee, ist aber ein durchaus ernstes Kunstwerk, denn es bringt uns dazu, über so wichtige Dinge wie Bewegungsfreiheit, menschliche Bindungen und Toleranz nachzudenken. Überlege, was dir selbst am Herzen liegt – vielleicht Obdachlose oder der Klimawandel –, und mach dazu ein Performance-Kunstwerk. Es muss ja nicht gleich ein ganzes Jahr dauern. Ein paar Minuten genügen auch.

Deine Performance kann albern oder ernst sein, Hauptsache, sie ergibt Sinn. Vergiss nicht, sie in Fotos oder einem Video festzuhalten, so kannst du sie dokumentieren und immer wieder ansehen und vorführen.

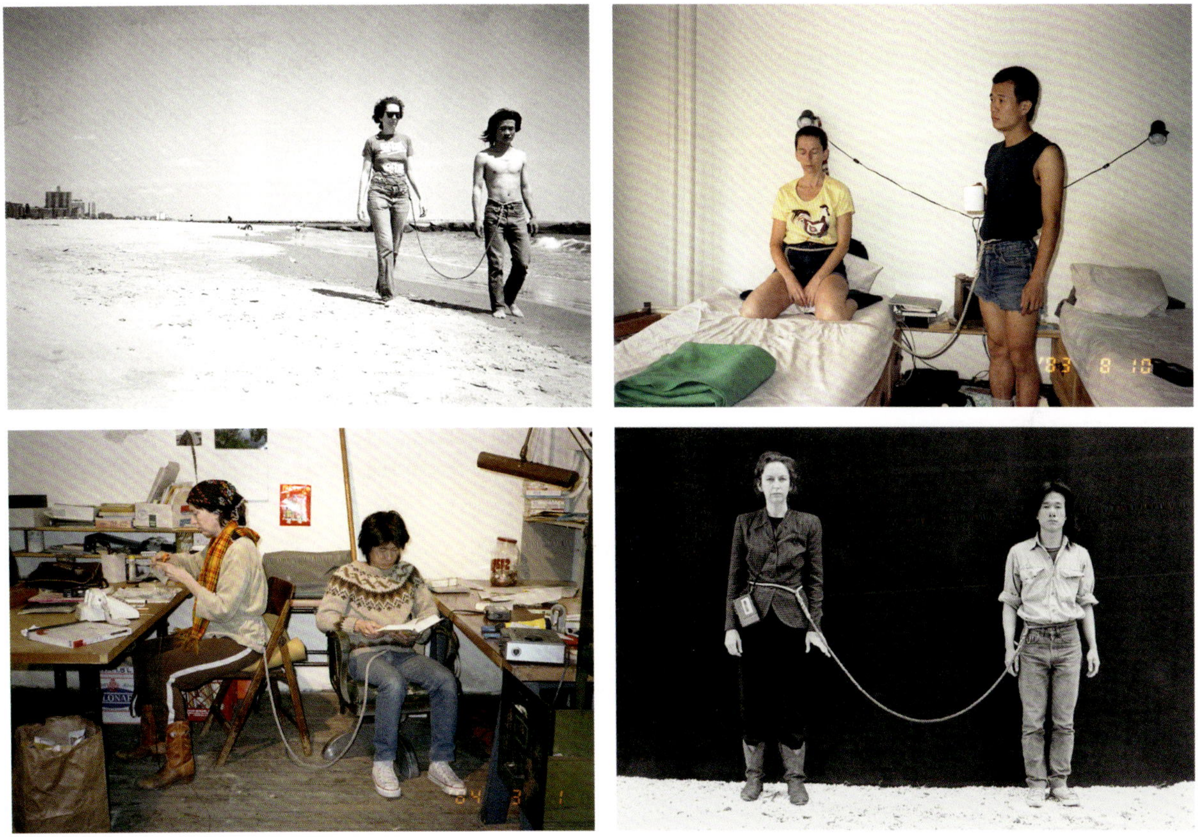

Tehching Hsieh: *Art Life/One Year Performance (Rope Piece)*
(„Kunstleben/Einjährige Performance (Seil-Stück") (1983–1984)

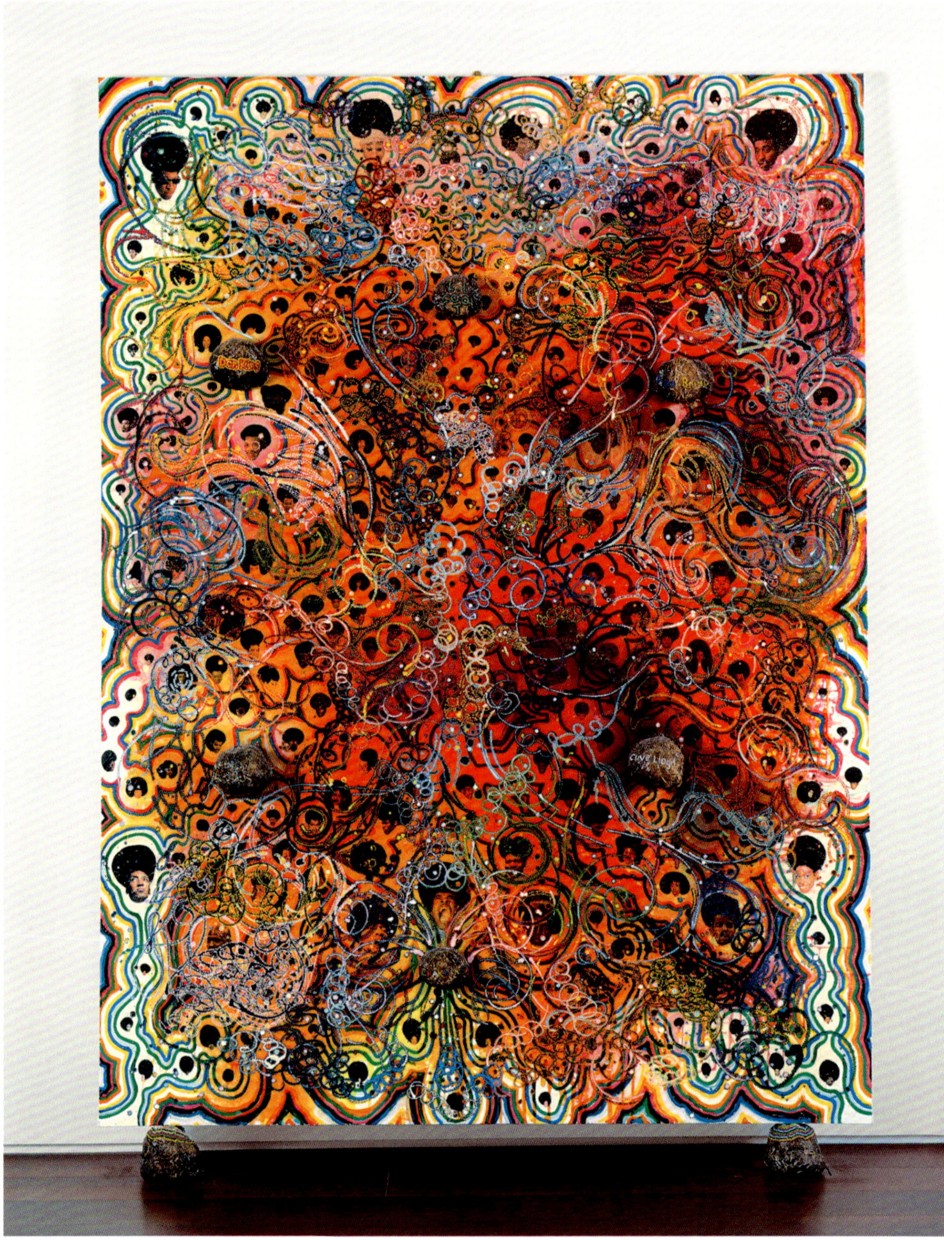

Chris Ofili: *Afrodizzia* (1996)

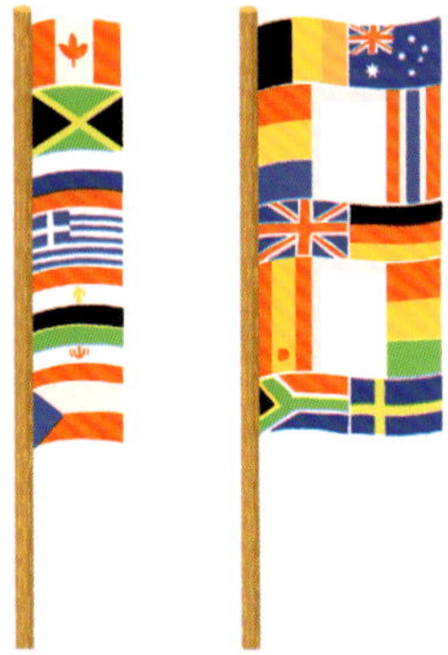

Sag uns, wer du bist

Chris Ofili erschafft Werke mit Elefantenkot. Du hast richtig gelesen: Er holt sich schöne, große, runde Kackhaufen und klebt sie zusammen mit Glitter, Farbe, Harz, Zeitschriftenschnipseln und anderen bunten Sachen auf Leinwände. Chris ist ein Brite mit nigerianischen Eltern und macht Kunst, die etwas über sein vielfältiges kulturelles Erbe aus Afrika und Großbritannien aussagt. Dieses Bild enthält Hinweise auf Schwarze und die Namen großer Sportler und Musiker wie z. B. Cassius Clay (alias Muhammad Ali) oder Miles Davis. Und warum Elefantenmist? Überleg mal! Wo leben Elefanten denn? Durch die Verwendung ungewöhnlicher Materialien nutzt Chris seine künstlerische Freiheit und spielt mit dem Gemisch kultureller Anspielungen und Klischees in seinem Werk. Mach du doch mal ein Kunstwerk, das von deinem kulturellen Hintergrund geprägt ist. Du kannst ein einfaches Bild malen oder Materialien einfügen, die mit deinen Vorfahren zu tun haben.

Egal, welche Hautfarbe, welchen Glauben und welche Nationalität du besitzt: du hast ein kulturelles Erbe. Vielleicht stammen deine Eltern oder Großeltern nicht von da, wo du lebst. Vielleicht bist du eine einzigartige Kombination aus zwei oder mehr Ethnien, Ländern oder Religionen. Auf jeden Fall bist du nicht zu 100% x-beliebig!

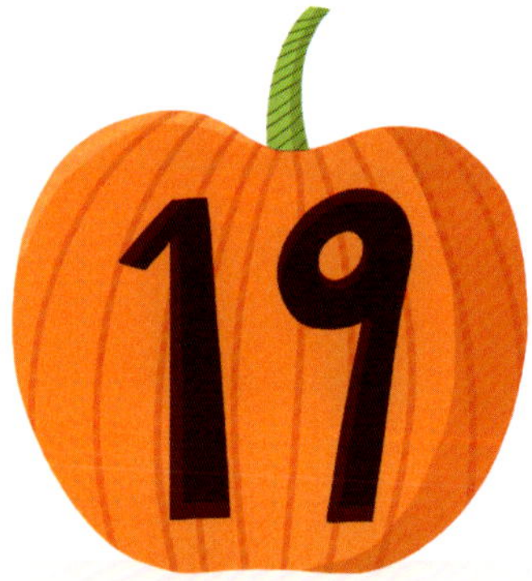

Feiere, was du liebst

Yayoi Kusama liebt Kürbisse. Nicht so sehr wegen ihres Geschmacks, sondern mehr wegen Yayois Erinnerungen an die prallen Früchte auf den Feldern um ihr Elternhaus. Sie sahen so besonders und seltsam aus. Heute malt sie Kürbisse, macht riesige Kürbis-Skulpturen und lässt sie manchmal im Dunkeln sogar leuchten. Betrachtet man ihre Werke, ist es ein bisschen so, als schlüpfte man in ihr kindliches Ich. Ich wette, auch du magst irgendwas so gern, wie Yayoi Kürbisse mag. Vielleicht etwas zum Essen, einen Gegenstand, einen Menschen oder ein Haustier. Egal, was es ist: lass dich davon zu Kunstwerken anregen!

Es ist wichtig, dass du herausfindest, warum du dein Lieblingsding so gernhast, denn bei deinem Werk soll es ja genau darum gehen. Schau, wie Yayoi Kürbisse noch lustiger aussehen lässt, indem sie sie vergrößert und mit Punkten übersät.

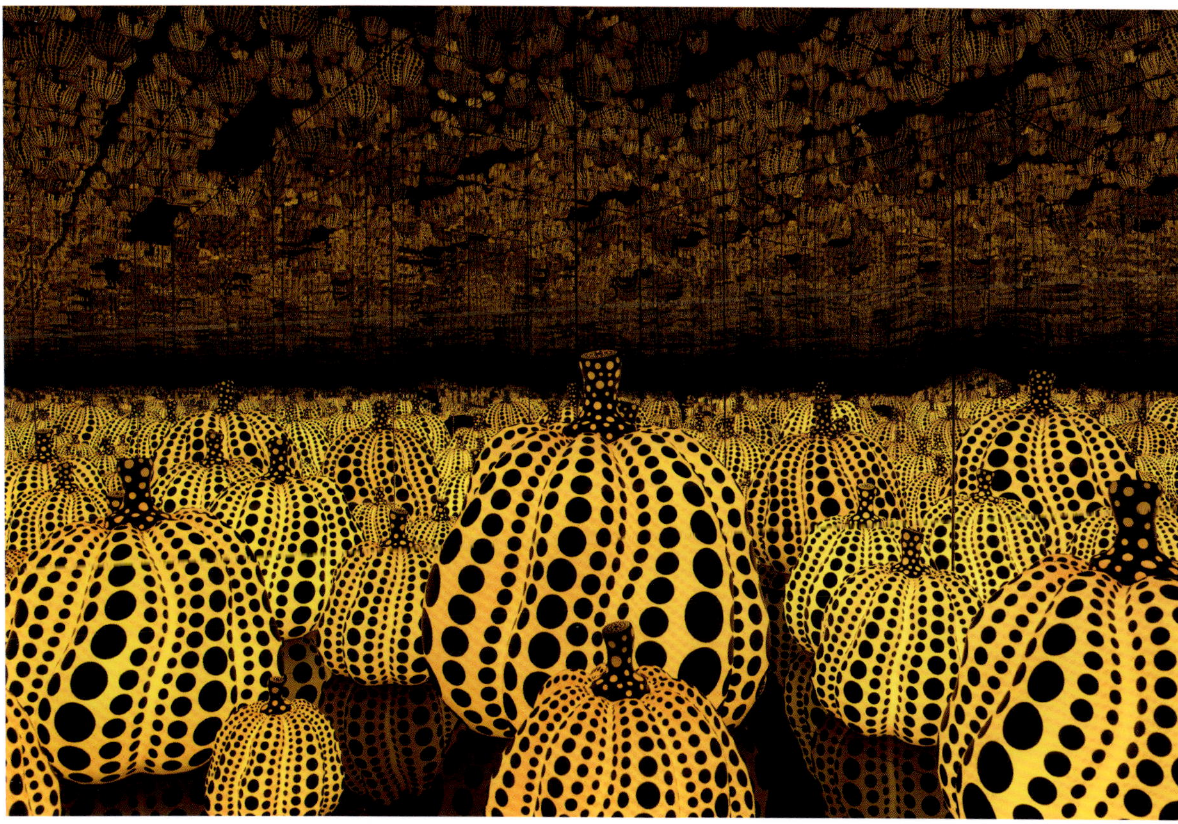

Yayoi Kusama: *All the Eternal Love I Have for the Pumpkins*
(„Meine ganze ewige Liebe zu Kürbissen“) (2016)

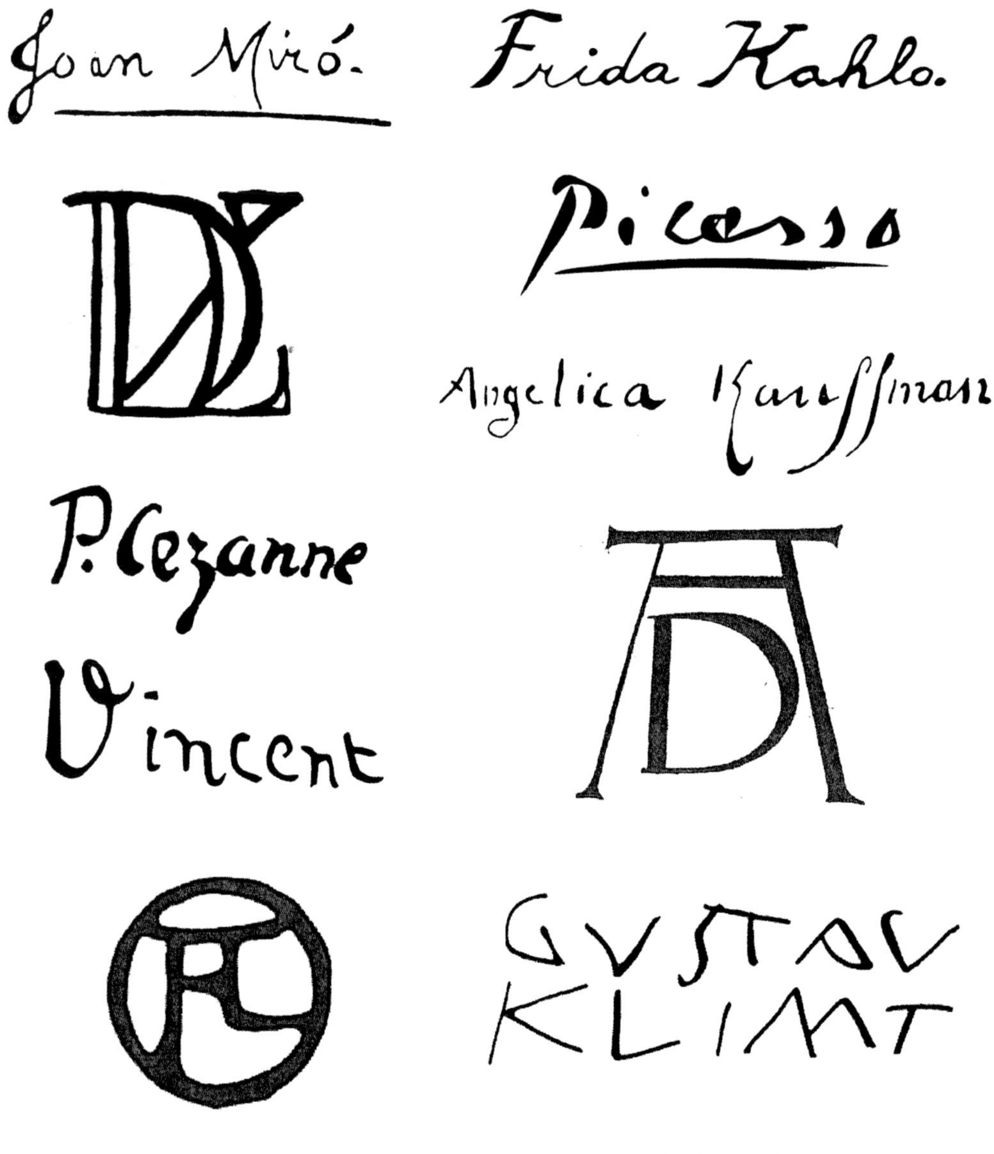

Im Uhrzeigersinn von oben links: Joan Miró, Frida Kahlo, Pablo Picasso, Angelica Kauffmann, Albrecht Dürer, Gustav Klimt, Henri Toulouse-Lautrec, Vincent van Gogh, Paul Cézanne und Leonardo da Vinci

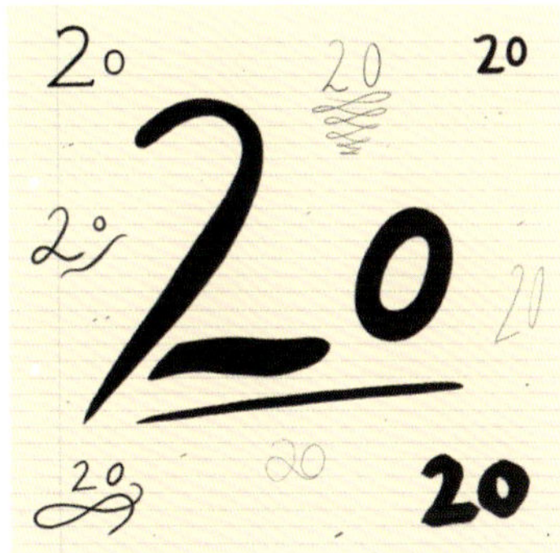

Setze ein Zeichen

Jede richtig coole Künstlerin und jeder richtig coole Künstler braucht eine richtig coole Signatur. Manche, wie z. B. Angelica Kauffmann, signierten ihre Werke mit ihrem vollen Namen, andere, wie Vincent van Gogh, nur mit ihrem Vornamen. (So viele Vincents gibt es ja auch nicht, oder?) Die Glückspilze mit den richtig coolen Namen, so wie Pablo Picasso, verwendeten nur ihre Nachnamen. Und Künstler wie Albrecht Dürer machten ihre Initialen (in dem Fall AD) zu ihrem Markenzeichen. Die letzte Aufgabe besteht darin, dass du dir eine richtig coole Künstlersignatur ausdenkst, die du von jetzt an auf all deine Werke setzt. Dann weiß jeder, dass sie von dir stammen und eine Fantastillion Dollar wert sind!

In der Regel signieren Künstler ihre Werke unten rechts. Das musst du aber nicht. Manche Künstler verstecken ihre Signatur auch irgendwo in ihren Gemälden!

Eine kurze Geschichte der Kunst

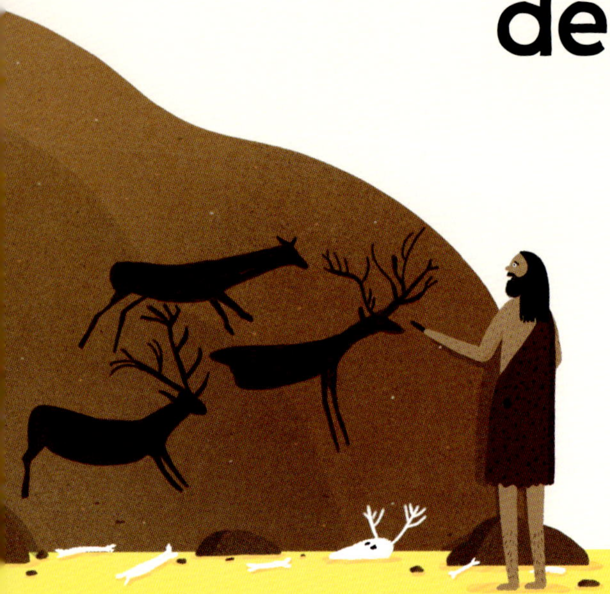

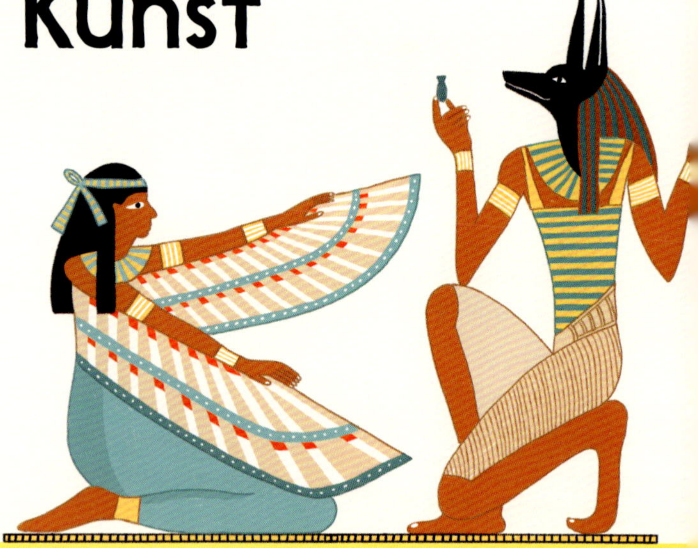

6000 bis 30 v. Chr.

Prähistorische Malereien

Wann es die allererste „Kunst“ gab, weiß man nicht, aber einige der ältesten bekannten Werke sind über 40.000 Jahre alt. Unsere menschlichen Vorfahren, die Neandertaler, malten sie an die Wände von Höhlen. Diese Höhlenmalereien zeigen meist Tiere, und für die Farben zermahlte man Steine und Pflanzen.

Altägyptische Kunst

Überall auf der Welt haben Menschen Kunst geschaffen, und da jede Kultur anders und von den anderen isoliert war, sehen die Werke ganz verschieden aus. Die wohl berühmtesten frühen Künstler waren die alten Ägypter. Sie machten riesige Steinreliefs von ihren Königinnen und Königen (Pharaonen) und füllten Gräber mit Gemälden und Skulpturen, die den Toten im Jenseits helfen sollten. Die alten Ägypter waren wohl die eifrigsten Künstler der Welt, denn statt Wörtern schrieben sie in Bildern, den „Hieroglyphen“.

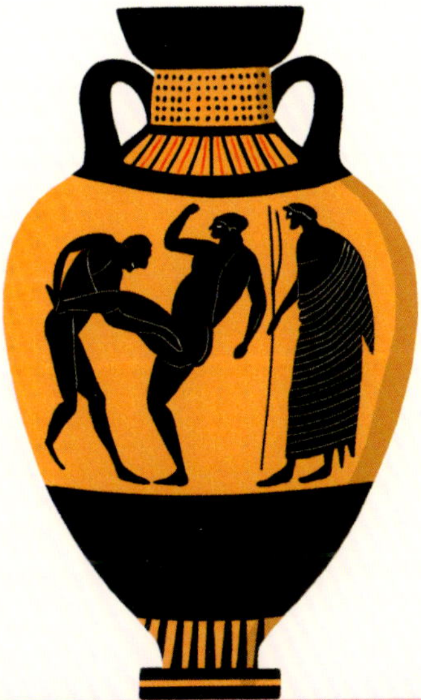

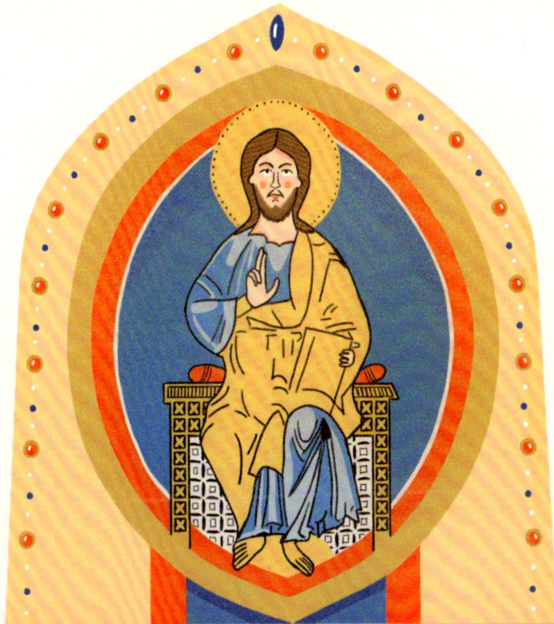

500 v. Chr. bis 400 n. Chr.

Antike Kunst

Die Kunst des Westens (d.h. in Europa sowie später in Nord-, Mittel- und Südamerika) ging so richtig mit den alten Griechen und Römern los. Sie formten aus Marmor realistische Skulpturen ihrer Sagengestalten und bemalten Schüsseln, Krüge und Teller mit Geschichten über ihre Götter.

400 bis 1450

Mittelalterliche Kunst

Nichts dauert ewig, und nachdem die Römer die Griechen erobert hatten und später die Nordeuropäer die Römer, endete die antike Zivilisation. Das führte zu einem neuen Zeitalter in der Kunst, und damals entstanden unglaublich viele Werke. Da sie großenteils von der Kirche in Auftrag gegeben wurden, zeigen viele von ihnen Heilige und Geschichten aus der Bibel. Es wurden keine Kosten gescheut – oft enthielten sie sogar Gold und Edelsteine!

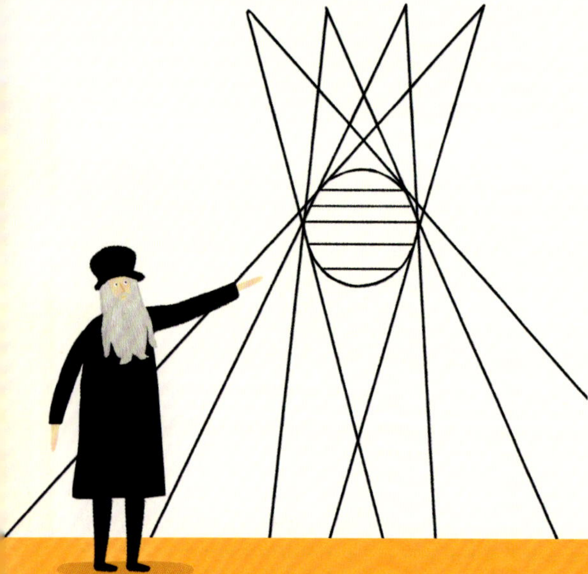

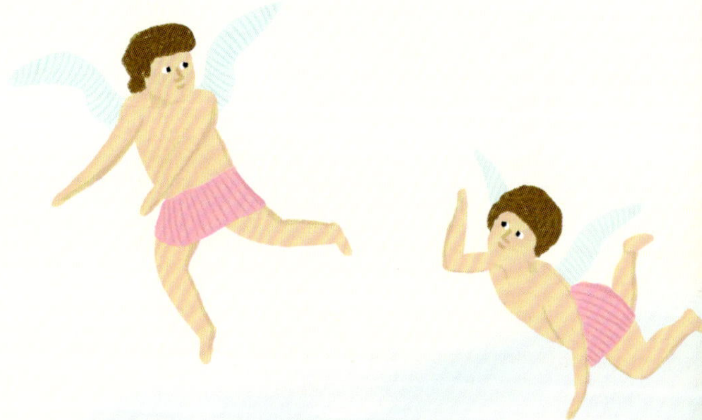

14. bis 16. Jahrhundert

Renaissancekunst

Die Renaissance („Wiedergeburt“) griff auf die antike Kunst zurück und stellte gern fantastische Szenen so dar, als spielten sie sich in der realen Welt ab. Das Wichtigste an der Renaissance ist aber wohl ihre Erfindung der „Perspektive“: eine Zeichen- und Maltechnik, die auf einer ebenen Fläche die Illusion von Tiefe, also einem dreidimensionalen Raum, erzeugt. Für uns ist sie eine Selbstverständlichkeit, aber damals war sie revolutionär! Einer der berühmtesten Renaissancekünstler war Leonardo da Vinci.

17. bis 18. Jahrhundert

Barockkunst

Das Barock knüpfte an die Renaissance an und verstärkte deren Neigungen noch. Die Künstler malten weiterhin Götter, Sagen- und christliche Figuren, aber auf theatralischere Weise. Das Licht wurde dramatischer, die Szenen gewaltiger, und man wollte nicht mehr unbedingt die Wirklichkeit wiedergeben. Venus, die Göttin der Liebe, in einer riesigen Muschel darstellen? Kein Problem. Pack doch noch ein paar Götter dazu!

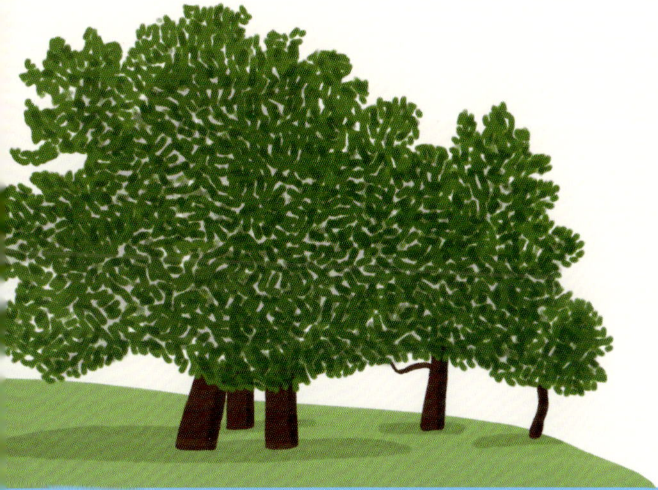

1750 bis 1850

Klassizistische und romantische Kunst

Das waren zwei Kunstrichtungen derselben Zeit, hinter denen aber ganz unterschiedliche Ideen standen. Klassizistische Künstler schufen gern formale Kompositionen mit moralischen Botschaften, die Romantiker dagegen fantasievollere und emotionalere Werke. Ob du's glaubst oder nicht, vor 1800 wurden Landschaften nur als Hintergrund für andere Dinge gemalt. Jetzt rückten sie endlich in den Mittelpunkt und wurden zum Hauptthema von Gemälden.

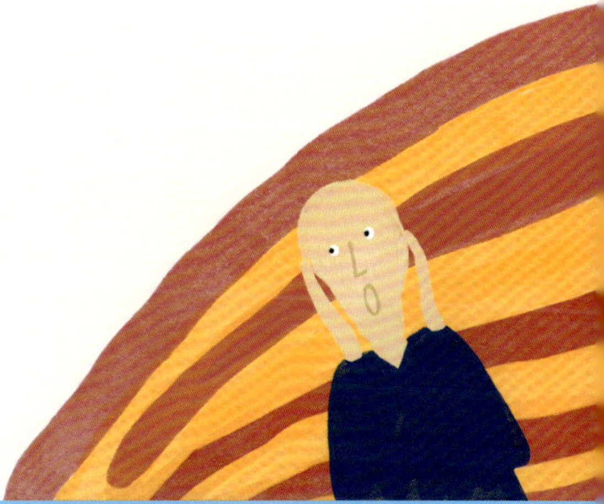

1860er Jahre bis 20. Jahrhundert

Impressionismus, Postimpressionismus, Expressionismus

Jetzt wird die Kunst allmählich modern. Der Impressionismus und der Postimpressionismus („post" bedeutet „nach") wandten sich von den althergebrachten Stilen, Regeln und Themen ab. Die Bilder wurden kleiner, weil viele im Freien entstanden („Freilichtmalerei"). Und dargestellt wurden nun eher alltägliche Orte anstelle von Göttern und Sagen. In dieser Kunstepoche ging es vor allem um Farbe und Gefühl, besonders gegen Ende, als der Expressionismus aufkam.

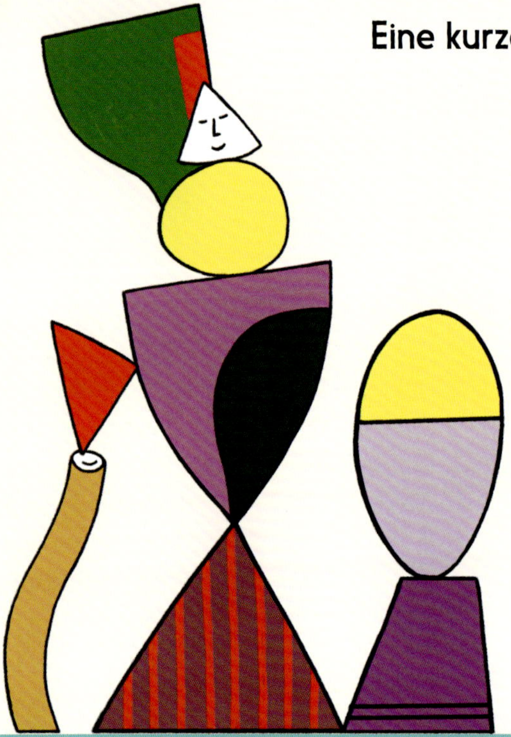

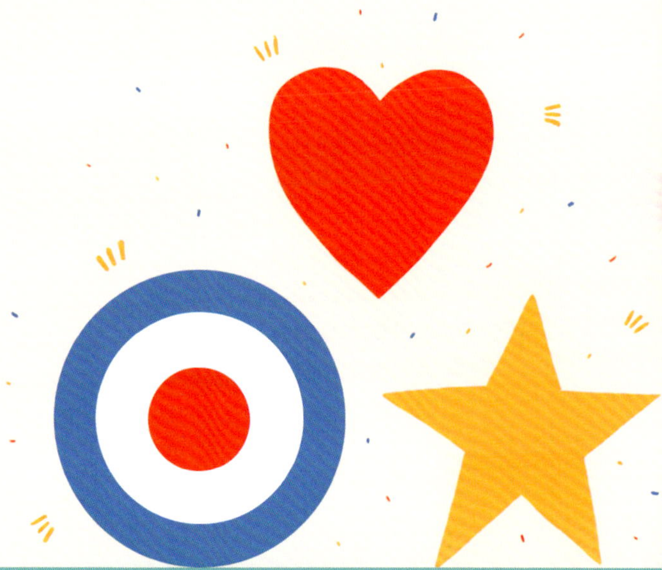

1907 bis 1914

Abstrakte Kunst

Sie war die bedeutendste Kunstströmung der westlichen Kunst seit der Renaissance. Jetzt stellten die Künstler alles infrage. Regeln und Traditionen wurden über Bord geworfen, sogar die Perspektive, und plötzlich galt es als uncool, die Dinge auch nur halbwegs realistisch darzustellen. Hast du schon mal von Pablo Picasso gehört? Er war einer der berühmtesten Künstler jener Zeit.

1950er bis 1970er Jahre

Pop-Art

Die Popkünstler wollten keine großen, abstrakten Bilder malen. Sie wollten sich in ihren Werken auf die Sachen beziehen, die sie tagtäglich sahen und benutzten. Deswegen kopierten sie in ihrer Kunst gern Markennamen, Lebensmittelverpackungen und Comics, aber in stark vergrößerter Form, sodass vertraute Gegenstände mehr Bedeutung erhielten.

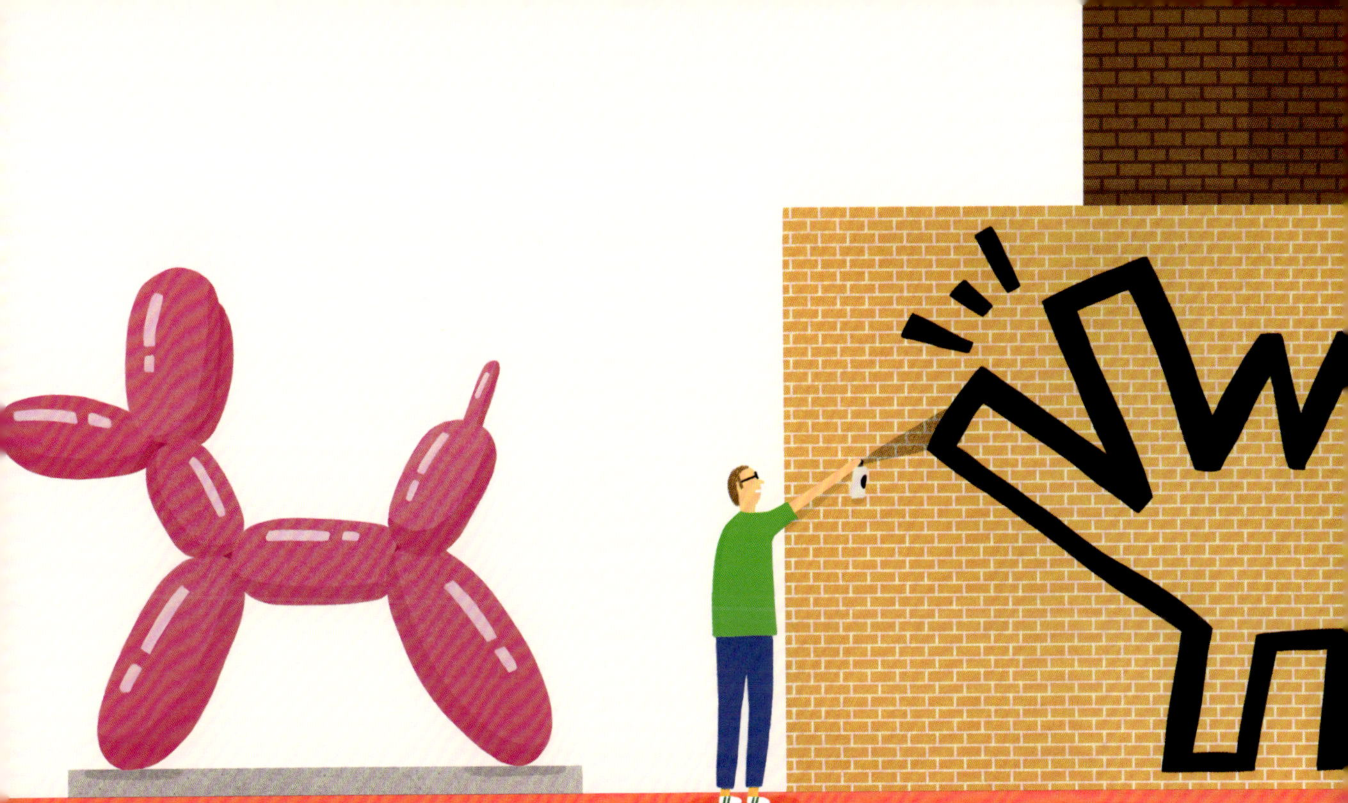

1977 bis heute

Zeitgenössische Kunst

Heutzutage können Künstlerinnen und Künstler aus jedem Material ihrer Wahl so ziemlich alles machen, was sie wollen! Die Grenzen zwischen Malerei, Bildhauerei, Fotografie und Film verschwimmen, weil die zeitgenössischen Kunstschaffenden gern Dinge vermischen. Wir leben in aufregenden Zeiten, weil Künstler Werke über alles Mögliche kreieren und große Museen supertolle Ausstellungen organisieren, die Millionen Menschen anziehen.

1980er Jahre bis heute

Street-Art

Schon seit Jahrtausenden malen Leute Graffiti. Auch Höhlenmalereien sind eine Art Graffiti. Ernstgenommen werden sie aber erst seit den 1980er Jahren; seitdem nennt man sie „Street-Art": Straßenkunst. Oft hat Street-Art eine politische oder gesellschaftliche Botschaft, und da sie überall zu sehen ist, nicht nur in Galerien und Museen, erreicht und beeinflusst sie viele Menschen.

Laurence King Verlag GmbH
Jablonskistraße 27, 10405 Berlin
www.laurencekingverlag.de

Erstmals erschienen bei
Laurence King Publishing in Großbritannien 2020

Laurence King ist ein Imprint von
Hachette Children's Group
Part of Hodder and Stoughton
Carmelite House, 50 Victoria Embankment
London EC4Y 0DZ

Ein Unternehmen von Hachette UK
www.hachette.co.uk
www.hachettechildrens.co.uk

Comissioning Editor: Jo Lightfoot
Senior Editor: Charlotte Selby
Gestaltung: Katerina Kerouli
Bildredaktion: Peter Kent
Produktion: Davina Cheung

Für die deutsche Ausgabe
Übersetzung: Bettina Eschenhagen, Hildesheim
Lektorat: Anne Vogel-Ropers, Berlin
Satz: Igor Divis, Dortmund
Projektleitung: hauffe publishing, Dortmund

ISBN: 978-3-96244-152-4

3. Auflage 2024
Gedruckt in China bei C&C Offset Printing, Co. Ltd

Bildnachweis

5: © Succession Picasso/DACS, London 2020. Foto ©RMN-Grand Palais (Musée national Picasso-Paris)/Adrien Didierjean; **6**: Convergence, 1952. Öl auf Leinwand, gerahmt: 241,935 x 399,0975 x 7.3025 cm; Schenkung Seymour H. Knox jr., 1956. Albright Knox Art Gallery/Art Resource, NY/Scala, Florenz. © The Pollock-Krasner Foundation ARS, NY und DACS, London 2020; **9**: Lorna Simpson, alle Abbildungen: Collage und Tusche auf Papier. 28,6 x 21,6 cm, TL Blue Light, 2012. (Inv# LS 2018. unique). TC At Large, 2012. (Inv# LS 2021.unique). TR Big Yellow, 2011. (Inv# LS 1947.unique). CL Black Cloud, 2011. (Inv# LS 1951. unique). CC Before Enlistment, 2011. (Inv# LS 1959.unique). CR Day Before, 2012. (Inv# LS 2025.unique). BL Blue, 2011. (Inv# LS 1952.unique). BC Blue Fro, 2011. (Inv# LS 1957.unique). BR Blue Wave, 2011. (Inv# LS 1949.unique); **10**: Straight Curve, 1963. Emulsionsfarbe auf Pappe. 71,1 x 62,2 cm. © Bridget Riley 2019. Alle Rechte vorbehalten. Abdruck mit freundlicher Genehmigung des Bridget Riley Archive; **13**: Beech leaves laid over a pool. Rained overnight. River rose. Washing the leaves downstream. Scaur Water, Dumfriesshire. 30. Oktober 1999. © Andy Goldsworthy; **20**: Keith, 1970. Saint Louis Art Museum. 275 x 213,4 cm. Finanziert von der Shoenberg Foundation, Inc. Objektnummer 793:1983. © Chuck Close, Abdruck mit freundlicher Genehmigung der Pace Gallery; **23**: Rachel Beach TL, TCL Buttress, TCR, TR Link, BL, BCL Tink, BCR, BR Husk, 2013. Fotos: Cary Whittier; **24**: John Stezaker TL Marriage (Filmporträt-Collage) L, 2008 Collage 27 x 18 cm. AP-STEZJ-00577 TR. Marriage (Filmporträt-Collage) XLV, 2007 Collage 25,5 x 20,5 cm AP-STEZJ-00506. BL Marriage (Filmporträt-Collage) XXV, 2007 Collage 27,5 x 20,5 cm AP-STEZJ-00443. BR Marriage (Filmporträt-Collage) XXXII, 2007 Collage 24,8 x 18,5 cm AP-STEZJ-00487. © Approach Gallery, London; **27**: Fountain, Replik von 1950 des Originals von 1917, Philadelphia Museum of Art. © Association Marcel Duchamp/ADAGP, Paris und DACS, London 2020; **28**: Dandy, 2013, Acrylfarbe und Socken auf Leinen, 51 x 41 cm, 2013. Abdruck der Abbildung mit freundlicher Genehmigung von und © Aaron Johnson; **35**: Abdruck der Abbildung mit freundlicher Genehmigung von und © Lauren Badenhoop; **36**: Selbstbildnis mit Bonito, 1941. Öl auf Leinwand. Höhe: 55 cm, Breite: 43,4 cm, Privatsammlung/Alamy. © Banco de México Diego Rivera Frida Kahlo Museums Trust, Mexiko, D.F./DACS 2020; **39**: akg-images/Album/Fine Art Images. © Estate of Roy Lichtenstein/ DACS 2020; **40**: National Gallery of Art. Washington, D.C. Photothèque R. Magritte/Adagp Images, Paris/Scala, Florenz. © ADAGP, Paris und DACS, London 2020; **43**: Wastescape, Southbank Centre, London. 2012 Installation, gebrauchte Plastikmilchflaschen und Tonaufnahmen. Variable Größe. © Gayle Chong Kwan; **48**: Metropolitan Museum of Art, New York. Ankauf, The Annenberg Foundation Gift, 1993. 1993.132 (open access); **51**: © Tehching Hsieh und Linda Montano. Abdruck mit freundlicher Genehmigung der Künstler und der Sean Kelly Gallery, New York; **52**: Afrodizzia (Zweite Fassung), auf dem Keilrahmen signiert, betitelt und auf 1996 datiert, Acrylfarbe, Ölfarbe, Polyesterharz, Papiercollage, Glitter, Pinnnadeln und Elefantenkot auf echter Leinwand: 243,8 x 182,8 cm; insgesamt 252,1 x 182,9 cm. Abdruck mit freundlicher Genehmigung des Künstlers und der Victoria Miro Gallery; **55**: Yayoi Kusama, *All the Eternal Love I Have for the Pumpkins* („Meine ganze ewige Liebe zu Kürbissen"), 2016; Holz, Spiegel, Kunststoff, Acryl und LED, 292,4 x 415 x 415 cm. Mit freundlicher Genehmigung der Künstlerin, Ota Fine Arts und Victoria Miro. © YAYOI KUSAMA

Danke!

Dieses Buch gäbe es nicht ohne die Unterstützung von Charlotte Selby, Laurence King, Jo Lightfoot, Peter Kent, Rose Blake, Katerina Kerouli, Katherine Cowles und Selwyn Leamy. Außerdem geht mein Dank an all die richtig coolen Künstlerinnen und Künstler, die uns freundlicherweise den Abdruck ihrer Werke in diesem Buch genehmigt haben.

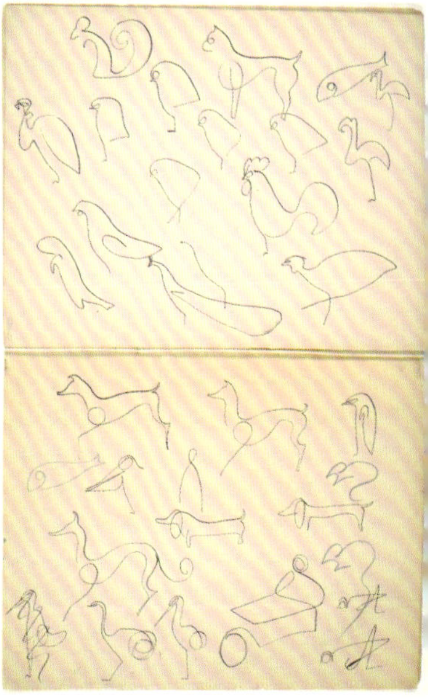

Pablo Picasso: „Dachshund", Detail, Tinte und Tusche auf beigem Papier aus einem Skizzenbuch, Zervos VI No972 (1907)